가장 쉬운 Swift 입문 책

Beginning Swift Programming
by Wei-Meng Lee

가장 쉬운 책 시리즈

006

웨이멍 리 지음

이종우 옮김

가장 쉬운

Swift 입문

책

66

나의 가족들에게.
이 책을 준비하는 동안 이해해주고 지원해줘서 고마워.
그대들의 도움이 없었으면 이 책을 마치지 못했을 거야.
모두 사랑해!

99

서문

IT 세상은 매우 빠르게 변해간다. 거의 매일 자그마한 변화들이 일어나고 어떠한 것은 산업 전체를 변화시키기도 한다. 2007년에 소개된 아이폰은 하루 아침에 모바일 산업을 완전히 바꿔놓았고 새로운 스마트폰 시대에 앞장 섰다. 3년 후(2010년) 출시된 아이패드는 우리의 컴퓨터 사용 방식을 바꿔 놓았다. 이는 결국 PC 시대가 종말에 이르렀다는 예견을 하게 만들었다.

Objective-C는 1980년대에 도입된 이후로 오랫동안 NeXT에 의해 NeXTStEP 운영체제용으로 사용되었다. Mac OS X와 iOS는 NeXTStEP에서 파생되었고 따라서 Objective-C는 자연스럽게 Mac OS와 iOS 개발용 언어로 선택되었다. iOS 개발을 시작한 개발자들은 종종 Objective-C가 현대 프로그래밍 언어(자바나 C#과 같은)와 유사하지 않다고 불평한다. 또한 작성하기 어렵고 언어를 배우는 데 많은 시간이 필요하다고 불평한다. 애플은 7년동안 Objective-C 언어와 iOS 프레임워크를 개선했다. 그들은 개발자들이 더 쉽게 작성할 수 있도록 메모리 관리에서 벗어날 수 있는 자동 레퍼런스 카운팅(ARC)과 사용자 인터페이스의 흐름을 단순화하는 스토리보드와 같은 유용한 기능을 도입했다. 하지만 이것으로 모든 불평을 잠재울 순 없었다. 게다가 애플은 iOS와 Mac OS 개발을 다음 단계로 이끌 수 있는 새로운 언어가 필요했다.

2014년 애플 세계 개발자 콘퍼런스(WWDC)에서 애플은 새로운 프로그래밍 언어 Swift를 소개하여 많은 개발자들을 놀라게 했다. 애플은 마침내 7년 만에 Objective-C를 대체할 수 있는 새로운 언어를 발표했다. 이 책을 통해 알게 되겠지만 Swift는 읽기 쉬운 문법과 타입 안정성에 엄격한 현대적 프로그래밍 언어이다.

이 책은 업무에 바쁜 개발자들을 염두에 두고 쓰여졌다. 모든 기술 전문 용어를 배제하고 언어에 직접 접근하는 것을 목표로 한다. 새로운 언어를 배우는 최선의 방법은 당연히 예제 코드를 보는 것이고, 이 책은 필요한 코드들을 충분히 가지고 있다. 그러므로 이 책 내용을 최대한 활용하기 위해서는 각 장을 읽으면서 예제 코드 작성을 마치는 것을 강력히 추천한다.

저자 소개

웨이멍 리 WEI-MENG LEE

공학자이자 최신 모바일 기술에 대한 실습 교육 전문 회사인 Developer Learning Solutions (www.learn2develop.net)의 설립자이다. 다년간의 교육 경험을 토대로 한 그의 교육 과정은 행동에 의한 학습 방식을 중점으로 두고 있다. 프로그래밍 학습을 위한 이러한 실습 방식은 책이나 튜토리얼, 그 밖의 문서를 읽는 것보다 주제를 더 이해하기 쉽게 해준다. 그는 『Beginning iOS 5 Application Development』(Wrox, 2010), 『Beginning Android 4 Application Development』(Wrox, 2011) 등 NET, XML, 모바일 기술에 관한 여러 책의 저자로 활동하고 있으며 국제 콘퍼런스에서 정기적으로 강연도 하고 있다. 그와 연락하려면 weimenglee@learn2develop.net으로 메일을 보내면 된다.

편집자 소개

차임 크라우제 CHAIM KRAUSE

미 육군 지휘 참모 대학의 시뮬레이션 전문가이다. 그는 이곳에서 iOS, 안드로이드 장비에서 부터 윈도우즈 데스크톱과 리눅스 서버까지 많은 플랫폼에서 다양한 소프트웨어 제품을 개발하고 있다. 그는 파이썬을 가장 선호하지만 자바, 자바 스크립트/HTML5/CSS 등 여러 언어를 사용하여 코드를 작성한다. 그는 운 좋게도 볼랜드에서 소프트웨어 분야의 경력을 쌓기 시작했고, 델파이 수석 개발 지원 엔지니어였다. 차임은 컴퓨터 외에도 테크노와 덥스텝 음악을 즐기고 두 마리의 썰매 개, Dasher와 Minnie를 데리고 스쿠터를 탄다.

감사의 글

나는 이 기회를 빌려 이 책을 출간하는 데 뒤에서 열심히 도와준 많은 사람들에게 감사 인사를 전하고 싶다.

먼저 Wrox의 편집장인 밥 앨리엇(Bob Elliott)에게 큰 감사를 드린다. 밥에게 이 책을 제안 했을 때, 그의 첫 번째 질문은 이랬다. "얼마나 빨리 진행 할 수 있어?" 그 이후는 모두가 다 알고 있는 대로다. 이 책이 제때 나올 수 있다는 밥의 신뢰에 감사한다.

당연히 이 책의 편집자이자 새로운 친구인 존 슬리바(John Sleeva)도 잊을 수 없다. 그와 함께 일하는 것은 항상 내게 기쁨을 준다. 프로젝트가 지속될 수 있도록 해준 존의 지도와 격려에 감사하다.

기술 편집자 차임 크라우제(Chaim Krause)와 매튜 에클스(Matthew Eccles)에 감사하다. 차임은 언제나 내 원고 속 실수를 놓치지 않는다. 나는 그가 항상 코드를 개선하는 법을 제안해주리라 믿는다. 고마워, 차임! 매튜 또한 최신 Xcode에서 코드가 동작하는지 매의 눈으로 내 샘플 코드를 테스트한다. 고마워, 매튜!

마지막으로 이 기회를 빌려 내 가족들에게 감사 인사를 전하고 싶다. 여러분이 읽고 있는 이 책은 내가 받은 도움의 결실이다. 마감일을 맞추기 위해 서두르고 있을 때 우리 아기 클로이(Chloe)를 헌신적으로 돌봐 준 내 아내, 스즈 와(Sze Wa)에게 고맙다는 말을 전하고 싶다. 내가 그녀를 육체적으로나 정신적으로 힘들게 했다는 것을 알고 있다. 여보, 고마워요!

우리 부모님 또한 내가 일과 여행, 글쓰기 사이에서 우왕좌왕하던 시기에 번갈아 가며 아이를 돌봐주셨다. 어떠한 불평도 없이 도와주신 부모님께 깊이 감사드린다. 우리 부모님과 가족들에게 모두 사랑한다고 말하고 싶다. 끝으로 사랑스런 우리 강아지, 오오키(Ookii)에게 충직하게 우리 곁을 지켜줘서 고맙다는 말을 전한다.

역자 소개

상명대학교에서 소프트웨어학을 전공하였으며 한글과컴퓨터와 SK컴즈에서 맥과 리눅스용 응용프로그램을 개발하였다. 『가장 쉬운 리눅스 시스템 관리 책』과 『리눅스 커맨드라인 완벽 입문서』, 『아론 힐리가스의 ios 프로그래밍』을 번역하였다. 현재는 안랩에서 맥용 보안 프로그램을 개발하고 있다.

역자의 글

Swift는 애플에서 다년간 연구 개발하여 세상에 내놓은 새로운 프로그래밍 언어입니다. 지금까지 Mac OS와 iOS에서 사용하던 Objective-C의 부족한 점을 보완하고 클로저, 제네릭, 타입 추론 등의 최신 언어 기법을 도입하여 좀 더 현대적인 프로그래밍 언어로 만든 것입니다.

이 책은 이러한 Swift를 처음 접하는 이들을 대상으로 하고 있습니다. 물론 기존에 Objective-C에 익숙한 개발자들도 또한 이 책의 대상입니다. 이 책은 Swift의 기본 개념을 바탕으로 예제 코드를 작성하는 실습 위주의 방식을 택하고 있습니다. 그리고 각 장의 끝 부분에는 해당 주제에 관한 연습 문제를 포함하고 있습니다. 따라서 학습 효과를 높이려면 저자의 의도대로 모든 코드를 타이핑해보는 것이 좋을 것입니다. 또한 연습 문제의 해답을 부록으로 제공하고 있어 자신이 작성한 코드를 점검해볼 수 있습니다. 추가적으로 이 책에 대한 궁금한 점이나 Swift에 대한 내용은 wrox 사이트에서 질문을 하거나 찾아볼 수 있습니다.

항상 번역을 할 때마다 원문을 최대한 유지하면서 오역이 없도록 노력을 하지만 그래도 부족한 점이 있기 마련입니다. 번역서의 오류를 발견하거나 개선점을 발견한다면 출판사로 제보해주시기 바랍니다. 혹시나 모를 다음 판을 번역하는 데 큰 도움이 될 것입니다.

끝으로 이 책을 번역할 기회를 주신 비제이퍼블릭의 김범준 실장님께 감사의 인사를 전합니다. 그리고 이 책을 구입해주신 모든 분들께 감사의 인사를 드립니다.

이 책의 구성

이 책은 Xcode 6.3.1을 사용하여 Swift(이 책에서는 Swift 1.2 버전 사용) 프로그래밍의 핵심 주제를 다루고 있다. 다음과 같이 12장으로 구성되어 있다.

1장. Swift 소개

Swift의 기본 문법과 작성한 Swift 코드를 테스트할 수 있도록 개발 환경을 구성하는 법을 다룬다.

2장. 자료형

Swift에서 제공하는 기본 자료형을 가지고 일반적인 연산을 수행하는 법을 다룬다. 또한 Swift에 새로 도입된 튜플과 옵셔널 타입을 다룬다.

3장. 문자열과 문자

Swift에서 문자열과 문자들을 어떻게 관리하는지에 대해 논의한다. 특히 Swift의 string형이 Objective-C의 NSString과 어떻게 하위 호환성을 유지하는지에 대해 중점을 둔다. 또한 유니코드 문자열을 처리할 때 알아야 할 것들에 대해서도 다룬다.

4장. 기본 연산자

Swift에서 제공하는 (일반적으로 사용되는) 모든 연산자를 다룬다. 추가로 Swift에 도입된 새로운 범위 연산자들도 함께 다룬다.

5장. 함수

Swift에서 함수를 정의하는 법과 함수가 호출되었을 때 내/외부 인자명 사용에 대해 설명한다.

6장. 컬렉션

Swift에서 제공하는 컬렉션 타입인 배열과 딕셔너리에 대해서 다룬다.

7장. 제어 흐름과 반복문

Swift에서 조건을 판단하는 방법과 Swift 코드를 반복적으로 실행하기 위해서 반복문을 사용하는 법을 다룬다.

8장. 구조체와 클래스

프로그래밍 기본 구성 요소인 구조체와 클래스를 다룬다. 또한 클래스와 구조체에서 프로퍼티와 메소드를 정의하는 법을 보여준다.

9장. 상속

Swift에서 하위 클래스를 만드는 법과 접근 제어 규칙이 멤버의 접근성에 어떻게 작용하는지에 대해 다룬다. 또한 확장 기능을 사용하여 클래스를 확장하는 법에 대해서도 다룬다.

10장. 클로저

이 기능성 블록을 사용하기 위해 필요한 모든 것들을 다루고 어떻게 다양한 코드를 작성하도록 도움을 주는지 보여준다.

11장. 프로토콜과 델리게이트

Swift의 디자인 패턴에서 매우 중요한 부분에 대해 논의한다. 프로토콜과 델리게이트 모델은 iOS와 Mac OS 프로그래밍의 기본이 되는 대다수 API의 근간이다.

12장. 제네릭

코드의 재사용성과 공유성을 높여주는 제네릭을 Swift에서 어떻게 사용하는지에 대해 다룬다.

부록

각 장의 마지막에 있는 연습문제에 대한 정답을 제공한다.

■ 이 책의 대상 독자

이 책은 초보 iOS 개발자와 Objective-C 경험이 있는 개발자 모두를 대상으로 하고 있다. 프로그래밍 기초와 이 책을 최대한 활용하기 위해서는 필요한 객체지향 프로그래밍 (OOP) 개념을 이해해야 한다.

이 책의 모든 샘플 코드는 Xcode 6.3.1 버전을 사용하여 테스트되고 작성되었다.

■ 사전 준비

이 책에서 제공하는 예제를 따라 하기 위해서는 자신의 맥에 Xcode 6.3.1이 설치되어 있어야 한다. Xcode 6.3.1는 맥 앱스토어에서 무료로 내려받을 수 있다. 이 책에서 코드를 테스트할 때는 iOS 장비가 없어도 된다. Playground 프로젝트를 만들어 테스트하거나 iOS 프로젝트를 만들어 아이폰 시뮬레이터를 통해 테스트할 수 있다.

■ 이 책의 규칙

이 책에서 최대한 정보를 얻고 그 내용을 따라갈 수 있도록 책 전반에 걸쳐 몇 가지 규칙을 사용했다.

> **참고** 참고는 노트, 팁, 힌트, 트릭이나 그 밖의 내용 등을 나타낸다.

> **주의** 주의는 주변 내용과 직접적으로 관련이 있는 중요하고 잊어버려서는 안 될 정보를 나타낸다.

텍스트 스타일:

- 새로운 용어나 중요한 단어를 처음 소개할 때는 **볼드체**를 사용한다.
- 키 입력은 다음과 같이 표시한다: Command+A
- 텍스트 안의 파일명, URL, 코드는 다음과 같이 표시한다: `persistence.properites`

코드는 두 가지 다른 방식으로 나타낸다.

- 대부분 코드 예제는 하이라이팅 없이 고정폭 폰트를 사용한다.

- 현 문맥에 추가된 내용이나 이전 코드 부분에서 변경된 내용을 보여주기 위해 코드를 강조하는 볼드체를 사용한다.

■ 소스 코드

이 책의 예제들을 마치려면 모든 코드를 Xcode에 입력해보고 그 결과를 관찰해야 한다. 언어를 배우는 최선의 방법은 스스로 경험해보고 실수해보는 것임을 명심해야 한다. 11장에서 사용할 LBS 프로젝트의 소스 코드는 www.wrox.com/go/beginningswift에서 찾을 수 있다. wrox 사이트에서 이 책의 모든 소스 코드를 얻기 위해서는 책의 위치를 찾아(검색 상자나 타이틀 목록을 사용) 책의 상세 페이지에서 Download Code 링크를 클릭한다. 코드를 내려받은 후에는 선호하는 압축 프로그램으로 압축을 해제하면 된다.

차례

01 Swift 소개   1

04 기본 연산자   **75**

07 제어 흐름과 반복문   **135**

01

Swift 소개

애플은 2014년 애플 전세계 개발자 콘퍼런스(WWDC)에서 새로운 프로그래밍 언어 Swift를 발표하여 Mac과 iOS 개발자들을 놀라게 했다. Swift의 목표는 C의 호환성 제약에 대해 신경 쓸 필요 없이 더 현대적인 언어 문법으로 Objective-C를 대체하는 것이다. 애플은 C언어 없는 Objective-C로 Swift를 적극 내세우고 있다.

이미 Objective-C에 숙련된 개발자들을 위해, 당분간은 iOS와 Mac OS X를 개발할 때 Objective-C가 제공될 것이라는 것은 예견된 사실이다. 하지만 애플이 미래의 iOS와 Mac 개발 언어로 Swift를 채택할 것이라는 것 또한 자명한 사실이다.

이 장에서는 Swift의 기초와 이를 위한 개발 환경을 구성하는 법을 배운다.

SWIFT란?

Swift는 애플에 의해 설계된 코코아(Mac OS X)와 코코아 터치(iOS) 프로그래밍을 위한 새로운 프로그래밍 언어이다. Swift의 문법은 자바와 C# 같은 현대 언어와 유사하지만 동시에 네임드 파라미터, 프로토콜, 델리게이트 등과 같은 Objective-C의 핵심 기능 일부를 유지하고 있다. 이 언어의 명확한 문법은 코드를 더 쉽게 읽고 유지하도록 해준다.

그 예로, Objective-C에서 다음 메소드를 생각해보자.

```
- (int) addOneNumber:(int) num1 withAnotherNum:(int) num2
{
    return num1 + num2;
}
```

위 메소드는 두 수를 더해 그 합을 반환한다. 이 메소드를 사용하기 위해 그 메소드에 메시지를 전달할 수 있다.

```
int sum = [self addOneNumber:2 withAnotherNum:7];
```

메소드 이름에 나타난 Objective-C의 장황함과 네임드 파라미터의 사용에 주목한다. 다음 예는 Swift에서 동일한 메소드를 보여준다.

```
func addTwoNumbers(num1:Int, num2:Int) -> Int {
    return num1 + num2
}
```

위 문장에서 두 개의 인자를 받아 정수 값을 반환하는 addTwoNumbers라는 함수를 정의한다. 이 메소드는 다음과 같이 호출할 수 있다.

```
var sum = addTwoNumbers(2,5)
```

위에서 볼 수 있듯이, Swift의 문법은 더 간단하고 읽기 쉽다.

Objective-C의 네임드 파라미터 관습과 동일하게 메소드에 이름있는 매개 변수를 사용할 수 있다.

```
func addTwoNumbers(num1:Int, secondNumber num2:Int) -> Int {
    return num1 + num2
}
```

이제 네임드 파라미터를 사용하여 메소드를 호출할 수 있다.

```
var sum = addTwoNumbers(2, secondNumber:5)
```

> **참고** 5장에서 함수와 이름있는 매개 변수에 대해 좀 더 자세히 다룬다.

또한 Swift는 안전한 타입 언어로 설계되었다. 변수는 반드시 사용되기 전에 초기화되어야 한다. 대부분의 경우, 다른 자료형으로 값을 할당할 때 명시적 형 변환을 수행해야 한다. 또한 값이 할당되지 않은 변수는 문장 내에서 사용할 수 없고 오류로 표시될 것이다.

Swift에서는 안정성을 이유로 암시적 형 변환이 없다. 따라서 Int에서 Float (또는 Double)로 변환할 때는 반드시 명시적으로 해야 한다. 예를 들어, 암시적으로 Int 변수를 Float 변수로 할당할 수 없다.

```
var f:Float
var i:Int = 5
f = i  // ---오류---
```

오히려 명시적으로 Float 값으로 변환해야 한다.

```
f = Float(i)
```

> **참고** 2장에서 자료형에 대해 좀 더 자세히 다룬다.

SWIFT가 중요한 이유

분명하게도 애플이 새로운 프로그래밍 언어를 만들어야 하기 때문에 Swift를 만든 것은 아니다. 애플은 플랫폼 전쟁의 열기와 함께 확고하게 장기간 모바일 플랫폼을 이끌 수 있는 언어가 필수적으로 필요했다. 애플에게 Swift는 여러모로 중요하다.

- 개발자들에게 있어 Objective-C가 가지고 있던 많은 문제들을 해결한다. 특히 Objective-C는 배우기 어렵다. 따라서 빨리 배울 수 있고 유지하기 쉬운 언어로 대체한 것이다.
- Swift는 Objective-C의 정신을 계승하지만 그 장황한 문법은 따르지 않는다.
- Objective-C보다 더 안전한 언어로 견고한 앱 플랫폼을 만드는 데 기여한다.
- Objective-C와 공존할 수 있다. 개발자들에게 코드를 Swift로 옮기는 데 충분한 시간을 준다.

개발 환경 구성하기

이 책의 모든 Swift 예제를 테스트하기 위해서는 Swift 컴파일러가 필요하다. Swift 컴파일러를 얻는 가장 쉬운 방법은 맥 앱스토어에서 Xcode 6.3.1를 내려받는 것이다 (그림 1-1 참조).

그림 1-1

자신의 Mac에 Xcode 6.3.1를 내려받고 설치한 다음에 그것을 실행한다 (그림 1-2 참조).

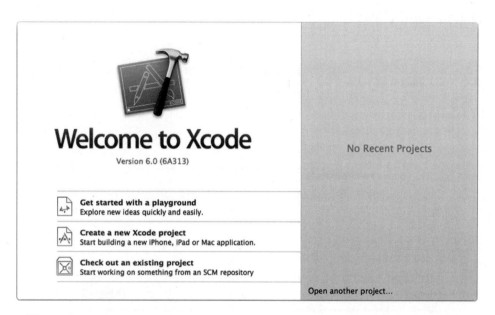

그림 1-2

이 책에 있는 코드를 테스트하는 방법은 두 가지가 있다.

- **Playground 프로젝트 만들기** — Playground는 Swift를 쉽고 재미있게 배울 수 있도록 도와주는 Xcode 6.3.1의 기능이다. Playground는 행 단위로 코드를 입력하면 각 행을 평가하고 그 결과를 출력한다. 또한 코드를 진행하면서 변수의 값을 보는 데 사용할 수 있다. Playground는 변수에 값을 할당할 때 변수의 자료형을 검사하는 데도 매우 유용하다.

- **iOS 프로젝트 만들기** — iOS 프로젝트를 만들고 Xcode 6.3.1에 포함된 iPhone 시뮬레이터를 사용하여 자신의 애플리케이션을 테스트할 수 있다. 이 책은 iOS 개발이 아닌 Swift 프로그래밍에 초점을 맞추지만 iOS 프로젝트에서 코드를 테스트하면 자신의 코드 전부를 테스트 할 수 있도록 한다.

■ Playground 프로젝트 만들기

Playground 프로젝트를 만들기 위해서는 Xcode 6.3.1을 시작하고 File → New → Playground...를 선택한다. Playground 프로젝트의 이름을 짓고 테스트할 플랫폼을 선택한다 (그림 1-3 참조).

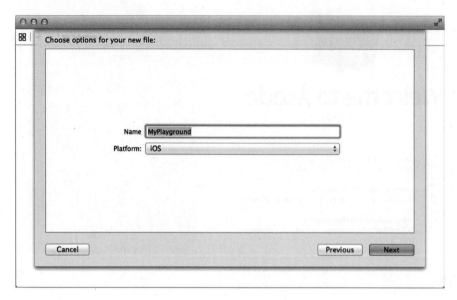

그림 1-3

Playground 프로젝트가 만들어지고 나면 그림 1-4에 있는 편집기가 보일 것이다. 이 편집기에서 Swift 코드 작성을 시작할 수 있다. 이 장에서 다루는 다양한 Swift 주제에 대해 설명한 것처럼 Playground의 기능 중 일부를 보여줄 것이다.

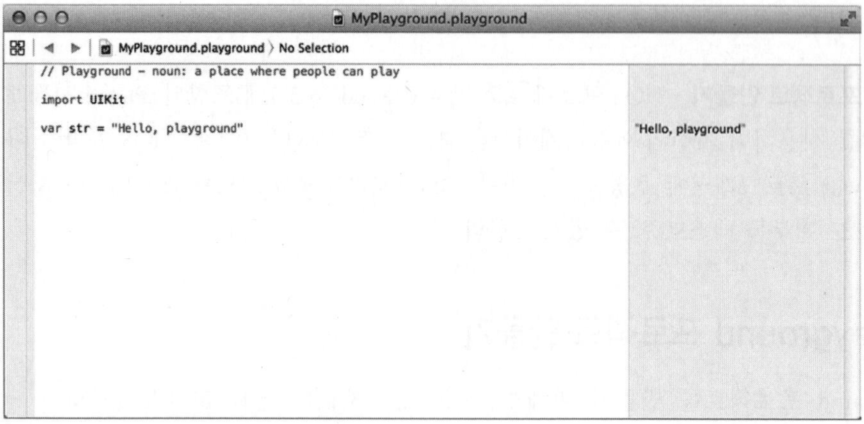

```
// Playground - noun: a place where people can play

import UIKit

var str = "Hello, playground"                    "Hello, playground"
```

그림 1-4

가장 쉬운 Swift 입문 책

예로 다음 코드를 살펴보자.

```
var sum = 0
for index in 1...5 {
    sum += index
}
```

위 코드는 1부터 5까지의 모든 수를 더한다. 만약 이 코드를 Playground에 입력한다면 Playground 윈도우 오른편에 원이 그려지는 것이 보일 것이다. (그림 1-5 참조).

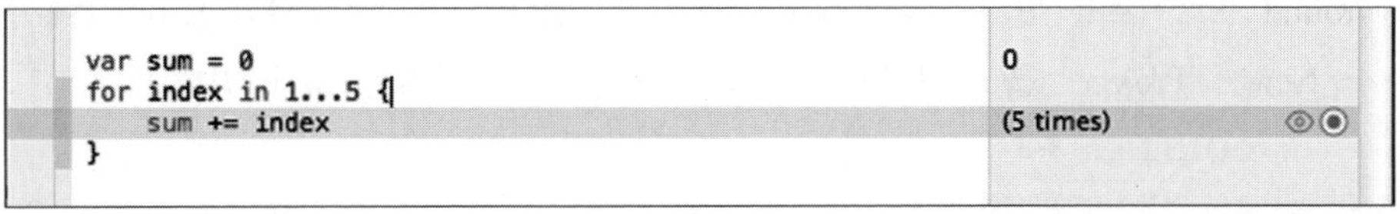

```
var sum = 0                                          0
for index in 1...5 {
    sum += index                                     (5 times)          ◉◉
}
```

그림 1-5

그 원을 클릭하면 For 루프의 각 반복마다 sum의 값을 확인할 수 있는 타임라인이 나타날 것이다 (그림 1-6).

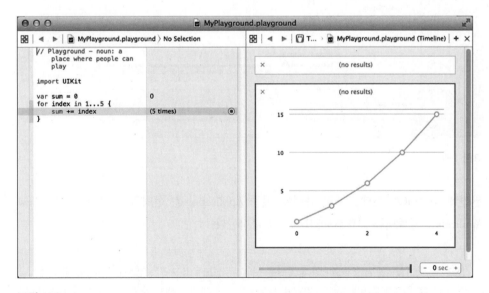

그림 1-6

이 기능은 코드를 매우 쉽게 추적하도록 해주고 특히 새로운 알고리즘을 분석할 때 유용하다.

> **참고** For 루프는 7장에서 좀 더 자세히 다룬다.

■ iOS 프로젝트 만들기

Playground 프로젝트를 만드는 대신에 iOS 프로젝트를 만들 수 있다. Xcode 6.3.1에서 File → New → Project…를 선택하면 그림 1-7과 같은 대화상자를 볼 수 있다.

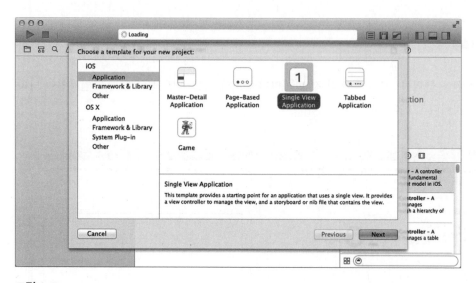

그림 1-7

왼편에 있는 iOS 카테고리의 아래에 있는 Application을 선택하고 나서 Single View Application 템플릿을 선택한다. [Next]를 클릭한다.

> **참고** Single View Application 템플릿은 단일 뷰 윈도우를 가진 iPhone 프로젝트를 만든다. 이것은 iOS 애플리케이션이 어떻게 작동하는지에 대해 헤매지 않고 Swift를 배울 수 있는 최선의 템플릿이다.

다음 대화상자에 아래처럼 정보를 입력한다 (그림 1-8 참조):

- **Product Name** — 프로젝트의 이름
- **Organization Name** — 자신의 이름이나 회사명을 입력할 수 있다.
- **Organization Identifier** — 일반적으로 회사명의 도메인명을 역으로 입력한다. 만약 회사 도메인명이 example.com이라면 com.example이라고 입력한다. Organization Identifier와 Product Name은 번들 식별자(Bundle Identifier)라는 고유한 문자열 형태로 연결된다. 앱 스토어에 나열된 모든 애플리케이션은 반드시 고유한 번들 식별자를 가져야 한다. 여기서는 테스트 목적이므로 그리 중요하지 않다.
- **Language** — Swift를 선택한다.
- **Devices** — iPhone을 선택한다.

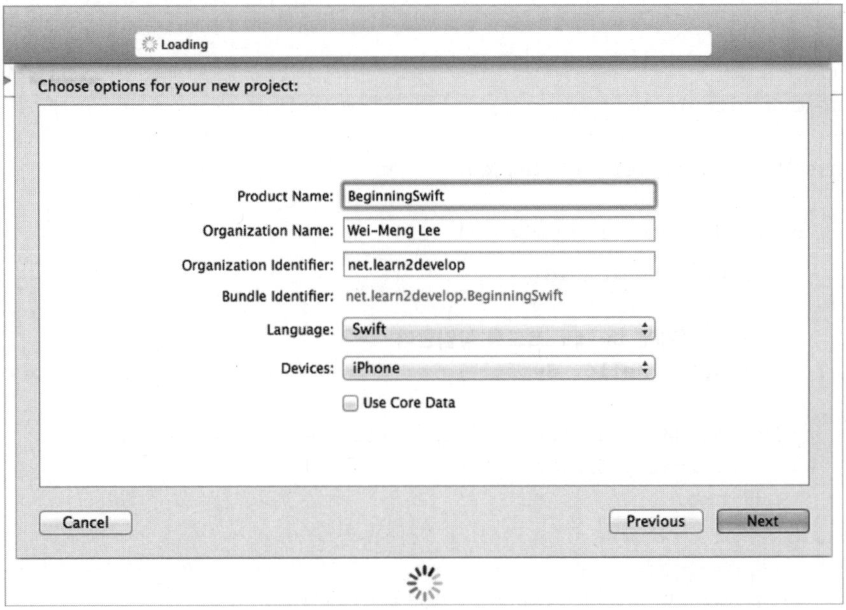

그림 1-8

위 정보를 입력하고 나서, [Next]를 클릭하고 프로젝트를 저장할 위치를 선택한다. 그리고 [Create]를 클릭한다. Xcode는 프로젝트를 만들기 시작할 것이다. 생성된 프로젝트에서 편집을 위해 ViewController.swift 파일을 선택한다 (그림 1-9 참조).

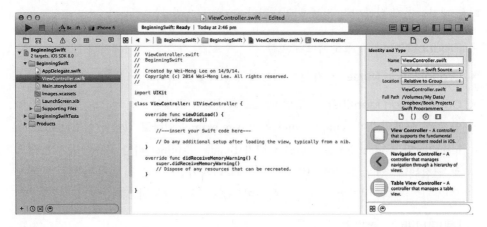

그림 1-9

Swift 코드를 테스트하기 위해 다음 예제에서 볼드체가 가리키는 위치에 코드를 삽입할 수 있다.

```swift
import UIKit

class ViewController: UIViewController {

    override func viewDidLoad() {
        super.viewDidLoad()

        //---여기에 Swift 코드를 삽입한다---
        println("Hello, Swift!")

        // Do any additional setup after loading the view,
          typically from a
        // nib.
    }

    override func didReceiveMemoryWarning() {
        super.didReceiveMemoryWarning()
        // Dispose of any resources that can be recreated.
    }
}
```

애플리케이션을 실행하려면 iPhone 6 시뮬레이터를 선택하고 [Build and Run] 버튼을 클릭한다 (그림 1-10 참조). 또는 [Command+R] 키보드 단축키를 사용할 수 있다.

그림 1-10

이제 iPhone 시뮬레이터가 나타날 것이다 (그림 1-11).

그림 1-11

이 책의 초점은 iOS 프로그래밍이 아니기 때문에 본질적으로 Swift 코드가 만들어내는 출력 결과에만 관심을 가질 것이다. Xcode 6.3.1로 돌아가서 출력 윈도우를 표시하려면 [Command+Shift+C]를 누른다. 그림 1-12는 우리가 작성한 Swift 코드가 출력 윈도우에 한 줄을 출력하는 것을 보여준다.

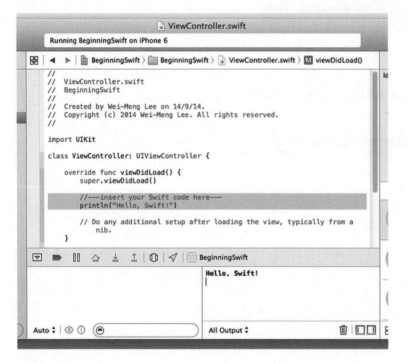

그림 1-12

SWIFT 문법

Swift를 위한 개발 환경을 구성하고 Swift에 사용할 수 있는 여러 프로젝트에 대해 살펴보았으니, 이 절에서는 Swift의 다양한 문법에 대해 소개하겠다. 먼저 상수와 변수를 만드는 것으로 시작한다.

■ 상수

Swift에서는 let 키워드를 사용해 상수를 만든다.

```
let radius = 3.45
let numOfColumns = 5
let myName = "Wei-Meng Lee"
```

자료형은 자동으로 추론되기 때문에 명시할 필요가 없음에 주목한다. 앞의 예제에서 radius는 Double이고 numOfColumns는 Int인 반면, myName은 String이다. 그러면 프로그래머는 어떻게 변수형을 확인할 수 있을까? 좋은 방법은 Xcode의 Playground 기능을 사용하는 것이다. 위 문장을 Playground 프로젝트에 입력해보자. 그러고서 각 상수에 Option 키를 누른채 클릭하여 나타나는 팝업을 살펴본다. 그림 1–13은 radius의 자료형이 Double임을 보여준다.

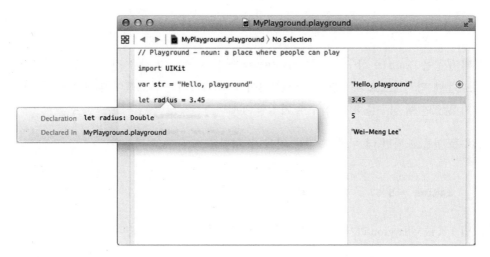

그림 1–13

Objective-C에 익숙한 독자들은 문자열을 정의할 때 @ 문자가 빠져있음을 곧장 알아차렸을 것이다. Objective-C에서는 문자열 이전에 @ 문자가 필요하다.

```
NSString *myName = @"Wei-Meng Lee" //---Objective-C---
```

그러나 Swift에서는 필요치 않다.

```
let myName = "Wei-Meng Lee" //---Swift---
```

또한 Objective-C에서는 객체를 다룰 때마다 메모리 포인터를 가리키는 *를 사용해야 한다. 반면 Swift에서는 원시형을 사용하든 객체를 사용하든 상관없이 *를 사용할 필요가 없다.

> **참고** 엄밀히 말하면, Swift에서 `String`형은 원시(값)형이다. 반면 Objective-C에서 `NSString`은 참조형(객체)이다. 문자열은 3장에서 좀 더 자세히 다룬다.

상수의 자료형을 선언하길 원한다면 다음과 같이 콜론 연산자 (:) 다음에 자료형을 지정하여 선언할 수 있다.

```
let diameter:Double = 8
```

앞의 문장은 Double 상수가 되는 `diameter`를 선언한다. 그 값을 정수 값으로 할당했기 때문에 명시적으로 자료형을 선언한 것이다. 컴파일러는 자료형이 명시적으로 선언되지 않으면 이 상수를 정수 상수로 가정할 것이다.

상수를 만들고 나면 더 이상 그 값을 바꿀 수 없다.

```
let radius = 3.45
radius = 5.67    //---오류---
```

그림 1-14는 Playground가 이 문장을 오류로 처리하는 것을 보여준다.

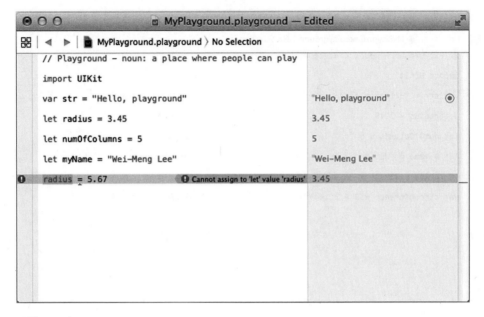

```
// Playground - noun: a place where people can play

import UIKit

var str = "Hello, playground"          "Hello, playground"    ◉

let radius = 3.45                       3.45

let numOfColumns = 5                    5

let myName = "Wei-Meng Lee"             "Wei-Meng Lee"

radius = 5.67        ⓘ Cannot assign to 'let' value 'radius'  3.45
```

그림 1-14

■ 변수

변수를 선언하려면 var 키워드를 사용한다.

```
let radius = 3.45
var myAge = 25
var circumference = 2 * 3.14 * radius
```

변수를 만들고 나서 그 값을 바꿀 수 있다.

```
let diameter = 20.5
circumference = 2 * 3.14 * diameter/2
```

앞의 문장을 Playground에 입력한 뒤에 circumference의 값이 곧장 계산되어 오른편에
결과를 보여주는 것을 발견했을 것이다 (그림 1-15 참조).

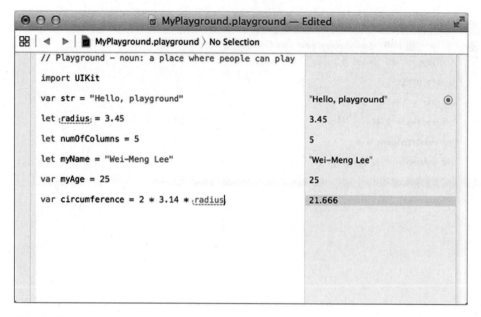

```
// Playground – noun: a place where people can play

import UIKit

var str = "Hello, playground"                    "Hello, playground"

let radius = 3.45                                 3.45

let numOfColumns = 5                              5

let myName = "Wei-Meng Lee"                       "Wei-Meng Lee"

var myAge = 25                                    25

var circumference = 2 * 3.14 * radius             21.666
```

그림 1-15

Swift에서 값은 절대 암시적으로 다른 자료형으로 변환되지 않는다. 예를 들어, 문자열과 변수의 값을 연결한다고 가정해보자. 다음 예제에서 myAge를 다른 문자열과 연결하기 전에 그 값을 문자열 값으로 변환하도록 String() 이니셜라이저(initializer)를 명시적으로 사용해야 한다.

```
var strMyAge = "My age is " + String(myAge)
//---My age is 25---
```

앞의 문장을 Playground에 입력하면, strMyAge의 값은 곧장 오른편에 표시된다 (그림 1-16 참조).

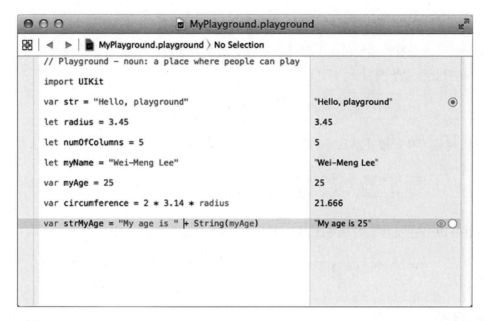

```
O O O                     MyPlayground.playground

⊞  ◀  ▶  MyPlayground.playground  〉 No Selection

// Playground – noun: a place where people can play

import UIKit

var str = "Hello, playground"              "Hello, playground"    ⊙

let radius = 3.45                          3.45

let numOfColumns = 5                       5

let myName = "Wei-Meng Lee"                "Wei-Meng Lee"

var myAge = 25                             25

var circumference = 2 * 3.14 * radius      21.666

var strMyAge = "My age is " + String(myAge)  "My age is 25"       ⊙○
```

그림 1–16

흥미롭게도 아래와 같이 뭔가를 한다면 오류가 발생할 것이다.

```
var strCircumference =
    "Circumference of circle is " + String(circumference)
```

이것은 String() 이니셜라이저가 Double형(자료형 추론에 의해 circumference 변수는 Double이다)을 String형으로 변환할 수 없기 때문이다. 이를 해결하려면 다음 절에서 설명할 문자열 삽입 메소드를 사용해야 한다.

> **참고** 다음 장에서 자료형에 관해 좀 더 자세히 배울 것이다.

■ 문자열 삽입: 문자열에 값 포함하기

Objective-C에서 두려워하던 작업 중 하나는 문자열에 변수의 값을 삽입하는 것이다. (문자열을 연결하기 위해 NSString 클래스를 사용해야 하고 그 클래스의

stringWithFormat: 메소드를 사용해야 한다. 이것은 코드가 정말 길어진다.)

Swift에서는 문자열 삽입이라고 알려진 ₩() 문법을 사용하여 매우 간단히 처리할 수 있다. 다음과 같은 형식을 가진다.

```
"Your string literal ₩(variable_name)"
```

다음 예제는 사용 방법을 보여준다.

```
let myName = "Wei-Meng Lee"
var strName = "My name is ₩(myName)"
```

다음에 보이는 것처럼 이 방법을 사용하여 문자열에 Double 값을 포함할 수 있다.

```
var strResult = "The circumference is ₩(circumference)"
```

■ 문장

다른 다수의 프로그래밍 언어와 달리 각 문장 끝에 세미콜론(;)이 없다는 것을 이전에 작성한 문장에서 알아차렸을 것이다.

```
let radius = 3.45
let numOfColumns = 5
let myName = "Wei-Meng Lee"
```

각 문장 끝에 세미콜론을 포함해도 구문상으로는 올바르다. 하지만 필수는 아니다.

```
let radius = 3.45;
let numOfColumns = 5;
let myName = "Wei-Meng Lee";
```

세미콜론이 필요할 때는 여러 문장을 한 줄로 합친 경우이다.

```
let radius = 3.45; let numOfColumns = 5; let myName = "Wei-Meng Lee";
```

■ 출력

`println()`나 `print()` 함수를 사용하여 변수나 상수의 현재 값을 출력할 수 있다. `print()` 함수는 값을 출력한다. 이에 반해 `println()` 함수는 동일하게 값을 출력하지만 추가로 줄 바꿈도 출력한다. 이 두 함수는 코코아의 NSLog 함수와 유사하다 (Objective-C에 익숙한 독자를 위해).

Playground에서 `println()`과 `print()` 함수는 타임라인에서 콘솔 출력 윈도우에 값을 표시한다. Xcode에서 이들 함수는 출력 윈도우에 값을 표시한다. 다음 문장은 strMyAge의 값을 출력한다.

```
var strMyAge = "My age is " + String(myAge)
println(strMyAge)
```

그림 1-17은 Xcode의 출력 윈도우에 앞 문장의 출력 결과를 보여준다. ([Command +Shift+C]를 누르면 출력 윈도우가 나타난다.)

그림 1-17

■ 주석

Swift에서는 대다수 프로그래밍 언어처럼 두 개의 슬래시(//)를 사용하여 코드에 주석을 삽입한다.

```
// this is a comment
// this is another comment
```

// 문자들은 그 줄을 주석으로 표시한다. 컴파일러는 컴파일 시간에 주석을 무시한다.

여러 줄을 주석으로 처리하고 싶다면 문장 블록을 주석으로 나타내는 /*와 */ 조합을 사용하는 것이 낫다.

```
/*
    this is a comment
    this is another comment
*/
```

예를 들어, 앞의 두 줄은 주석으로 처리된다.

또한 다음 예제에서 처럼 주석을 중첩할 수 있다.

```
// this is a comment

var myAge = 25
var circumference = 2 * 3.14 * radius
var strMyAge = "My age is " + String(myAge)

/*
    this is a comment
    this is another comment
*/

println(strMyAge)
```

코드 전체를 주석 처리하려면 다음과 같이 /*와 */로 모든 코드를 둘러싼다.

```
/*

// this is a comment
```

```
var myAge = 25
var circumference = 2 * 3.14 * radius
var strMyAge = "My age is " + String(myAge)

/*
    this is a comment
    this is another comment
*/

println(strMyAge)

*/
```

> **참고** C와 자바와 같은 다른 언어에서는 주석의 중첩을 허용하지 않는다.

요약

이 장에서는 애플이 Swift를 만든 의도뿐만 아니라 Swift를 공부하기 위한 툴을 얻는 법에 대해서도 배웠다. 또한 문법에 대해서도 간략히 살펴보았다. Swift는 Objective-C의 애매한 문법과 달리 완전히 현대적이고 안전한 언어이기 때문에 Objective-C 개발자였다면 Swift의 첫 인상은 대개 긍정적일 것이다. 이어서 나올 장들에서 Swift의 다른 인상적인 측면에 대해서도 배우게 될 것이다.

1. 1년의 월 수와 주 수, 1주의 일 수를 저장할 세 개의 상수를 선언한다.

2. 사용자의 성, 몸무게, 키, 생일을 저장할 변수를 선언한다.

3. 2번 문제에서 선언한 변수를 사용하여 사용자의 상세 정보를 출력하는 문을 작성한다.

4. 다음 문장은 컴파일 오류가 난다. 이를 고쳐보자.

```
var weight = 102.5        // in pounds
var str = "Your weight is " + weight + " pounds"
```

• 이 장에서 배운 것

주제	핵심 개념
상수 선언	상수는 let 키워드로 선언한다.
변수 선언	변수는 var 키워드로 선언한다.
상수나 변수의 값 출력	print()나 println() 함수를 사용하여 변수나 상수의 값을 출력할 수 있다.
세미콜론 미사용	Swift에서는 각 문장의 끝에 세미콜론이 필요하지 않다. 하지만 여러 문장을 한 줄로 합칠 때는 세미콜론이 필요하다.
문자열에 변수나 상수의 값 포함	이들 값을 포함하는 가장 쉬운 방법은 문자열 삽입 방법: "₩()"을 사용하는 것이다.
주석	//을 사용하여 한 줄을 주석으로 처리하거나 /*와 */ 조합을 사용하여 문장 블록을 주석화 할 수 있다. Swift에서 주석은 중첩될 수 있다.

02

자료형

1장에서는 자료형 추론을 사용하여 간단히 변수와 상수를 선언하는 법과 Swift 문의 문법을 빠르게 훑어보았다. 이 장에서는 Swift에서 사용 가능한 다양한 자료형에 관해 배울 것이다.

Swift는 대다수 언어에서 사용하는 다양한 기본 자료형을 제공하고, Objective-C에서 제공하지 않았던 새로운 자료형을 도입했다. 새로운 자료형은 다음과 같다.

- **튜플**(Tuples) — 튜플은 단일 자료형으로 조작 가능한 연관 값들의 그룹이다. 함수에서 여러 값들을 반환해야 할 때 튜플은 매우 유용하다.
- **옵셔널 타입**(Optional types) — 옵셔널 타입은 아무런 값이 없는 변수를 지정한다. 이 장 후반부에서 배우는 것처럼 옵셔널 타입은 코드를 안전하게 만든다.

Swift는 안전한 타입의 언어이다. 대다수의 경우 한 자료형에서 다른 자료형으로 값을 할당할 때는 명시적 형 변환을 수행해야 한다. 또한 값이 할당되지 않은 변수는 서술문에서 허용되지 않고 오류로 처리된다.

기본 자료형

Swift는 대다수 프로그래밍 언어와 마찬가지로 아래의 기본 자료형을 제공한다.

- 정수
- 부동 소수점 수
- 불린

■ 정수

정수는 소수부가 없는 모든 수이다. 정수는 양수와 음수로 나뉜다. Swift에서 정수는 Int형을 사용하여 나타낸다. Int형은 양수와 음수의 값 모두를 나타낸다. 양수의 값만을 저장하려면 부호 없는 정수 UInt형을 사용할 수 있다. Int형의 크기는 코드가 실행 중인 시스템에 의존적이다. 32비트 시스템에서는 Int와 UInt가 각각 32비트 저장 공간을 사용한다. 반면 64비트 시스템에서는 Int와 UInt가 각각 64비트를 사용한다.

sizeof() 함수를 사용하여 프로그래밍으로 각 자료형에 저장된 바이트 수를 확인할 수 있다.

```
println("Size of Int: ₩(sizeof(Int)) bytes")
println("Size of UInt: ₩(sizeof(UInt)) bytes")
```

앞의 문장을 아이폰 5(32비트의 A6칩 사용)에서 실행하면 다음과 같은 결과를 얻을 것이다.

```
Size of Int: 4 bytes
Size of UInt: 4 bytes
```

앞의 문장을 아이폰 5s(64비트의 A7칩 사용)에서 실행하면 다음과 같은 결과를 얻을 것이다.

```
Size of Int: 8 bytes
Size of UInt: 8 bytes
```

변수가 저장된 자료형을 모른다면 sizeofValue() 함수를 사용하여 확인할 수 있다.

```
var num = 5
println("Size of num: ₩(sizeofValue(num)) bytes")
```

정수형

대부분은 부호 있는 수를 저장하기 위한 Int를 사용하고 음수를 저장할 필요 없는 경우에만 UInt를 사용할 것이다(음수를 저장할 필요가 없는 경우에도 코드 호환성을 위해서 Int를 계속 사용하는 것도 좋은 방법이다). 하지만 사용 변수의 크기를 명시적으로 제어하려면 다음과 같이 가능한 여러 정수형 중 하나를 지정해 사용해야 한다.

- Int8과 UInt8

- Int16과 UInt16

- Int32와 Uint32

- Int64와 UInt64

> **참고** Int는 32비트 시스템에서는 Int32와 크기가 같고 64비트 시스템에서는 Int64와 크기가 같다.
>
> UInt는 32비트 시스템에서는 UInt32와 같고 64비트 시스템에서는 UInt64와 크기가 같다.

다음 코드는 정수형 각각의 범위를 나타내는 수를 출력한다.

```
//---UInt8 - Min: 0 Max: 255---
println("UInt8 - Min: ₩(UInt8.min) Max: ₩(UInt8.max)")

//---UInt16 - Min: 0 Max: 65535---
println("UInt16 - Min: ₩(UInt16.min) Max: ₩(UInt16.max)")

//---UInt32 - Min: 0 Max: 4294967295---
println("UInt32 - Min: ₩(UInt32.min) Max: ₩(UInt32.max)")

//---UInt64 - Min: 0 Max: 18446744073709551615---
println("UInt64 - Min: ₩(UInt64.min) Max: ₩(UInt64.max)")
```

```
//---Int8 - Min: -128 Max: 127---
println("Int8 - Min: ₩(Int8.min) Max: ₩(Int8.max)")

//---Int16 - Min: -32768 Max: 32767---
println("Int16 - Min: ₩(Int16.min) Max: ₩(Int16.max)")

//---Int32 - Min: -2147483648 Max: 2147483647---
println("Int32 - Min: ₩(Int32.min) Max: ₩(Int32.max)")

//---Int64 - Min: -9223372036854775808 Max: 9223372036854775807---
println("Int64 - Min: ₩(Int64.min) Max: ₩(Int64.max)")
```

각 정수형은 최소 값을 나타내는 min 프로퍼티와 최대 값을 나타내는 max 프로퍼티를 가지고 있다.

정수 연산

다른 정수형 두 개를 더하려고 하면 오류가 발생할 것이다. 다음 예제를 살펴보자.

```
var i1: UInt8 = 255
var i2: UInt16 = 255
var i3 = i1 + i2 //---형이 다른 두 변수를 더할 수 없다---
```

이를 해결하려면 다른 자료형과 같도록 둘 중 하나를 형 변환해야 한다.

```
var i3 = UInt16(i1) + i2 //---i3은 이제 UInt16형이다---
```

정수 리터럴

정수 값은 다음과 같이 나타낼 수 있다.

- 10진수
- 2진수 - 접두사 0b 사용
- 8진수 - 접두사 0o 사용
- 16진수 - 접두사 0x 사용

다음 코드는 네 가지 형식으로 나타낸 숫자 15를 보여준다.

```
let num1 = 15          //---10진수---
let num2 = 0b1111      //---2진수---
let num3 = 0o17        //---8진수---
let num4 = 0xF         //---16진수---
```

가독성을 더 높이기 위해 정수를 0으로 채울 수도 있다. 이전 코드는 나타내는 값의 변경 없이 다음 문장처럼 다시 쓰여질 수 있다.

```
let num1 = 00000015    //---10진수---
let num2 = 0b001111    //---2진수---
let num3 = 0o000017    //---8진수---
let num4 = 0x00000F    //---16진수---
```

게다가 큰 숫자는 밑줄(_)을 사용하여 가독성을 더 높일 수도 있다. 예를 들어, 다음과 같이 10억을 대신해서

```
let billion = 1000000000
```

아래처럼 밑줄을 사용하여 가독성을 높일 수 있다.

```
let billion = 1_000_000_000
```

밑줄의 위치는 상관없다. 다음 표현은 이전 문장과 동일한 값을 나타낸다.

```
let billion = 100_00_00_00_0
```

■ 부동 소수점 수

부동 소수점 수는 소수부를 가진 수이다. 0.0123, 2.45, −4.521 등이 부동 소수점의 예이다. Swift에는 Float과 Double이라는 두 가지 부동 소수점형이 있다. Float은 32비트 저장 공간을 사용하고 Double은 64비트 저장 공간을 사용한다. sizeof() 함수를 사용하여 이를 확인할 수 있다.

```
println("Size of Double: ₩(sizeof(Double)) bytes")
println("Size of Float: ₩(sizeof(Float)) bytes")
```

Double은 적어도 15자리 10진수의 정밀도를 가지고 있고, Float은 최소 6자리 10진수의 정밀도를 가지고 있다.

Swift는 부동 소수점 수를 상수나 변수에 할당할 때 명시적으로 지정하지 않는 한 항상 Double형으로 추정할 것이다.

```
var num1 = 3.14          //---num1는 Double이다---
var num2: Float = 3.14   //---num2는 Float이다---
```

Double형을 Float형에 할당하려고 하면 컴파일러는 오류를 나타낼 것이다.

```
num2 = num1 //---num1는 Double이고 num2는 Float이다---
```

이것은 Double형에 저장된 수가 Float형에 알맞지 않기 때문이다. 그러므로 오버플로우가 발생한다. num1을 num2에 할당하기 위해서는 다음과 같이 num1을 명시적으로 Float으로 변환해야 한다.

```
num2 = Float(num1)
```

부동 소수점 연산

정수 상수를 Double에 더하면 그 결과도 Double형이 된다. 마찬가지로 정수 상수를 Float에 더하면 그 결과는 다음 예제와 같이 Float형이 된다.

```
var sum1 = 5 + num1   //---num1와 sum1는 모두 Double이다---
var sum2 = 5 + num2   //---num2와 sum2는 모두 Float이다---
```

그러나 Int와 Double 변수를 더하려고 하면 오류가 발생할 것이다.

```
var i4: Int = 123
var f1: Double = 3.14567
var r = i4 + f1 //---오류---
```

다른 두 변수를 더하기 위해서는 Int 변수를 Double로 변환해야 한다.

```
var r = Double(i4) + f1
```

정수를 부동 소수점 수에 더하면 그 결과는 Double형이 된다. 예를 들면

```
var someNumber = 5 + 3.14
```

위 문장에서 someNumber는 Double형으로 추론하게 될 것이다.

Swift에서는 안정성을 이유로 암시적 형 변환을 허용하지 않는다. 반드시 명시적으로 Int에서 Float(또는 Double)형으로 변환해야 한다.

```
var f:Float
var i:Int = 5
f = i //---오류---
f = Float(i)
```

부동 소수점 값을 정수로 변환하면 그 값은 항상 잘리게 된다. 즉, 부동 소수점 값의 소수부를 잃을 것이다.

```
var floatNum = 3.5
var intNum = Int(floatNum) //---intNum는 이제 30이다---
```

부동 소수점 리터럴

부동 소수점 값은 다음과 같이 나타낼 수 있다.

- 10진수
- 16진수 - 접두사 0x 사용

다음 코드는 부동 소수점 수 345.678을 두 가지 형식으로 나타낸 것이다.

```
let num5 = 345.678
let num6 = 3.45678E2    // 3.45678 x 10^2
let num7 = 34567.8E-2   // 3.45678 x 10^(-2)
```

E(소문자 "e"로도 쓸 수 있다)는 지수를 나타낸다. 3.45678E2는 3.45678에 10의 2제곱을 곱한 값을 의미한다.

기수 2의 지수 형식의 16진수 부동 소수점 수로 나타낼 수도 있다.

```
let num8 = 0x2Cp3  // 44 x 2^3
let num9 = 0x2Cp-3 // 44 x 2^(-3)
```

이 예제에서 2Cp3은 16진수 2C(16진수로 10진수 44를 의미한다)에 2의 3제곱을 곱한 값을 의미한다.

■ 타입 앨리어스

타입 앨리어스(Type Alias)는 기존 자료형의 별칭을 정의할 수 있도록 해준다. 예를 들면, 다음과 같이 내장 자료형을 사용하여 변수의 자료형을 지정할 수 있다.

```
var customerID: UInt32
var customerName: String
```

하지만 typealias 키워드를 사용하여 문맥에 연관된 더 의미 있는 이름을 사용한다면 더욱 유용해질 수 있다.

```
typealias CustomerIDType = UInt32
typealias CustomerNameType = String
```

위 코드에서 이제 CustomerIDType는 UInt32형의 별칭이고 CustomerNameType은 String형의 별칭이다. 이제 다음과 같이 별칭을 자료형처럼 사용할 수 있다.

```
var customerID: CustomerIDType
var customerName: CustomerNameType

customerID = 12345
customerName = "Chloe Lee"
```

■ 불린(Boolean)

Swift는 불린 논리형(Bool)을 제공한다. Bool형은 true나 false 값을 가질 수 있다.

> **참고** Boolean 값이 YES와 NO인 Objective-C와 달리, Swift에서 Bool 값은 자바나 C와 같은 대다수 프로그래밍 언어와 비슷하다. 또한 Objective-C의 YES와 NO 값은 제공하지 않는다.

다음 코드는 Bool형의 사용을 보여준다.

```
var skyIsBlue = true
var seaIsGreen = false
var areYouKidding:Bool = true

skyIsBlue = !true          //---skyIsBlue는 이제 false이다---
println(skyIsBlue)         //---false---
```

Bool 변수는 종종 If 문과 같은 제어문에 사용된다.

```
if areYouKidding {
    println("Just joking, huh?")
} else {
    println("Are you serious?")
}
```

참고 7장에서 If 문에 대해 좀 더 자세히 다룬다.

튜플

튜플(tuple)은 순서를 가진 컬렉션이다. 튜플 내의 값은 어떤 형이든 될 수 있다. 모두 같은 자료형일 필요는 없다. 좌표 공간에서 한 점의 좌표를 저장하는 예를 생각해보자.

```
var x = 7
var y = 8
```

점의 x와 y 좌표를 저장하기 위해 두 변수를 사용했다. 이 두 값은 서로 관련되어 있기 때문에 각각 두 정수 변수로 저장하는 것보다 다음과 같이 튜플로 저장하는 것이 더 낫다.

```
var pt = (7,8)
```

앞 문장에서 pt는 7과 8, 두 값을 포함한 튜플이다. 또한 이처럼 튜플을 만들 수도 있다.

```
var pt: (Int, Int)
pt = (7,8)
```

이 경우에는 현재 pt가 (Int, Int) 형의 튜플임이 명백하다.

여기 튜플의 여러 예제가 있다.

```
var flight = (7031, "ATL", "ORD")
//--- (Int, String, String) 형의 튜플---

var phone = ("Chloe", "732-757-2923")
//---(String, String) 형의 튜플---
```

튜플 안에 있는 각각의 값을 가져오려면 개별 변수나 상수에 각기 할당하면 된다.

```
var flight = (7031, "ATL", "ORD")
let (flightno, orig, dest) = flight
println(flightno)    //---7031---
println(orig)        //---ATL---
println(dest)        //---ORD---
```

튜플 안에서 일부 값이 필요치 않다면 해당 변수나 상수의 위치에 밑줄(_)을 사용하면 된다.

```
let (flightno, _, _) = flight
println(flightno)
```

아니면 인덱스를 사용하여 튜플 안의 개별 값에 접근할 수 있다. 인덱스는 0부터 시작한다.

```
println(flight.0) //---7031---
println(flight.1) //---ATL---
println(flight.2) //---ORD---
```

튜플 안의 값에 인덱스를 사용하여 접근하는 것은 그다지 직관적이지 않다. 더 나은 방법은 튜플 안의 각 항목에 이름을 붙이는 것이다.

```
var flight = (flightno:7031, orig:"ATL", dest:"ORD")
```

각 항목에 이름을 붙이고 나면 그 이름을 사용하여 값에 접근할 수 있다.

```
println(flight.flightno)
println(flight.orig)
println(flight.dest)
```

> **참고** 튜플의 흔한 사용 중 하나는 함수에서 여러 값을 반환하는 경우다. 5장에서 이에 대해 자세히 다룬다.

옵셔널 타입

Swift는 **옵셔널**(optional)이라는 새로운 개념을 사용한다. 이 개념을 이해하기 위해 다음 코드를 살펴보자.

```
let str = "125"
let num = str.toInt()
```

여기서 str은 문자열이고 String형은 String을 정수로 변환하는 toInt()라는 이름의 메소드를 가진다. 그런데 항상 변환이 성공하진 않을 것이다(그 문자열이 숫자로 변환할 수 없는 문자를 포함할 수도 있다). 그래서 num에 반환되는 그 결과는 Int 값이나 nil일 수 있다. 그러므로 num은 형 추론에 의해 Int?형으로 할당된다.

? 문자는 이 변수가 선택적으로 값을 가질 수 있음을 가리킨다. 변환이 실패하면 항상 값을 갖지 않을 것이다(이 경우에 num은 nil 값이 할당된다). 앞의 코드에서 num 변수를 사용(다른 변수나 상수와 곱하려고 하는 등)하려고 하면 "value of optional type 'Int?' not unwrapped; did you mean to use '!' or '?'?"와 같은 컴파일 오류가 발생할 것이다.

```
let multiply = num * 2 //---오류---
```

이를 해결하려면 num이 정말로 값을 가지고 있는지 확인하는 If 문을 사용해야 한다. 그것이 참이면, 그 값을 사용하기 위해 이처럼 변수명 뒤에 ! 문자를 사용해야 한다.

```
let str = "125"
let num = str.toInt()
```

```
if num != nil {
    let multiply = num! * 2
    println(multiply) //---250---
}
```

! 문자는 변수가 값을 가지고 있고 제대로 사용하고 있음을 컴파일러에 알린다.

> **참고** ! 문자의 사용은 옵셔널 값의 강제 언래핑(forced unwrapping)이다.

앞의 예제에서 num은 형 추론에 의한 옵셔널이다. 만약 명시적으로 옵셔널 타입으로 선언하고 싶다면 형 이름 뒤에 ? 문자를 덧붙이면 된다. 예를 들어, 다음 문장은 옵셔널 문자열 타입인 description을 선언한 것이다.

```
var description: String?
```

description에 문자열을 할당할 수 있다.

```
description = "Hello"
```

또한 특수 값 nil을 옵셔널 타입에 할당할 수 있다.

```
description = nil
```

> **참고** 옵셔널 타입이 아닌 경우에 nil을 할당할 수 없다.

■ 자동으로 언래핑되는 옵셔널

앞 절에서 옵셔널 타입과 ! 문자를 사용하여 옵셔널 변수의 값을 언래핑하는 예를 보았다. 이것의 문제는 코드에서 옵셔널 변수의 값에 접근할 때마다 너무 많은 ! 문자를 사용한다는 것이다. ! 문자를 사용하지 않고 옵셔널 변수의 값에 접근하기 위해, 옵셔널을 **자동으로 언래핑되는 옵셔널**로 선언할 수 있다.

다음 선언을 살펴보자.

```
//---암시적 옵셔널 변수---
var str2: String! = "This is a string"
```

여기서 str2는 자동으로 언랩핑되는 옵셔널이다. 저절로 언랩핑되기 때문에 더 이상 str2에 접근할 때 ! 문자를 사용할 필요 없다.

```
println(str2) // "This is a string"
```

str2를 nil로 설정하고 str2에 접근하면 nil을 반환할 것이다.

```
str2 = nil
println(str2) // nil
```

■ 옵셔널 바인딩(Optional Binding)

옵셔널 타입의 값을 다른 변수나 상수에 할당해야 하는 경우가 종종 있다. 다음 예제를 살펴보자.

```
var productCode:String? = getProductCode("Diet Coke")
if let tempProductCode = productCode {
    println(tempProductCode)
} else {
    println("Product Code not found")
}
```

이 코드에서 getProductCode()는 제품명(String형)을 받아 제품 코드(String 값)를 반환하거나 해당 제품이 없다면 nil을 반환하는 함수이다. 그러므로 product Code는 옵셔널 String이다.

productCode의 값에 다른 변수나 상수를 할당하기 위해서 다음과 같은 형식을 사용할 수 있다.

```
if let tempProductCode = productCode {
```

여기서는 productCode의 값을 무조건 확인하고 만약 nil이 아니라면 tempPro

ductCode에 값을 할당하고 if 블록문이 실행된다. nil이면 else 블록문이 실행된다.

이것은 productCode에 값을 설정하는 것으로 쉽게 확인할 수 있다.

```
productCode = "12345"
if let tempProductCode = productCode {
    println(tempProductCode)
} else {
    println("Product Code not found")
}
```

위 코드는 다음 결과를 출력할 것이다.

```
12345
```

지금 productCode를 nil로 설정하면

```
productCode = nil
if let tempProductCode = productCode {
    println(tempProductCode)
} else {
    println("Product Code not found")
}
```

위 코드는 다음 결과를 출력할 것이다.

```
Product Code not found
```

■ "?"를 사용하여 옵셔널 언랩핑하기

지금까지 옵셔널 타입의 값을 얻기 위해서 ! 문자를 사용할 수 있다는 것을 배웠다. 다음 상황을 생각해보자.

```
var str:String?
var empty = str!.isEmpty
```

이 코드에서 str은 옵셔널 String이고 isEmpty는 String 클래스의 프로퍼티이다. 이 예제에서 str이 비어있는지 확인하려면 isEmpty 프로퍼티를 호출하면 된다. 하지만 위 코드는 str이 nil을 포함하고 있기 때문에 nil에서 isEmpty 프로퍼티를 호출하여 런타임 오류가 발생한다. ! 문자를 사용하는 것은 컴파일러에게 str이 nil이 아님을 확신한다고 말하는 것과 같다. 그러므로 이어서 isEmpty 프로퍼티를 호출한다. 불행히도 이 경우에 str은 정말로 nil이다.

이 문장에서 크래시를 막으려면 다음과 같이 ? 문자를 대신 사용해야 한다.

```
var empty = str?.isEmpty
```

? 문자는 컴파일러에게 str이 nil인지 아닌지 확실치 않다는 것을 알린다. 만약 nli이 아니면 isEmpty 프로퍼티를 호출하고 그렇지 않으면 무시한다.

열거형

열거형은 이름이 있는 상수의 그룹으로 구성된 사용자 정의 형이다. 열거형을 설명하는 최선의 방법은 예제를 사용하는 것이다. 가방의 색을 저장하는 변수를 만든다고 가정해보자. 색상은 이처럼 문자열로 저장할 수 있다.

```
var colorOfBag = "Black"
```

또한 색상을 "Yellow"로 바꿀 수도 있다.

```
colorOfBag = "Yellow"
```

하지만 이러한 접근은 두 가지 잠재적인 위험이 있기 때문에 안전하지 못하다.

- 가방 색이 유효하지 않은 색으로 설정될 수 있다. 예를 들어, 가방 색은 검정과 녹색만 될 수 있다. 그런데 가방 색을 노랑으로 설정해도 이 코드는 그것을 감지할 수 없다.
- 지정 색상이 정의한 색상과 대소문자가 같지 않을 수도 있다. 코드에서는 "Black"으로 정의하였으나 실제 변수에는 "black"으로 할당할 지도 모른다. 그러면 작성한 코드는 정상 동작하지 않는다.

어느 경우에서든 가방에 사용할 색상들을 나타내는 자신의 타입을 정의할 수 있는 편이 낫다. 여기서는 모든 유효한 색상을 포함하는 **열거형**을 만든다. 다음 코드는 BagColor라는 이름의 열거형을 정의한 것이다.

```
enum BagColor {
    case Black
    case White
    case Red
    case Green
    case Yellow
}
```

BagColor 열거형은 Black, White, Red, Green, Yellow의 다섯 가지 케이스(또는 멤버)를 포함한다. 각 멤버는 case 키워드를 사용하여 정의된다. 또한 다섯 가지 케이스를 다음과 같이 쉼표(,)를 사용하여 하나의 케이스로 합칠 수도 있다.

```
enum BagColor {
    case Black, White, Red, Green, Yellow
}
```

이제 이 열거형의 변수를 선언할 수 있다.

```
var colorOfBag:BagColor
```

이 변수에 값을 할당하기 위해서는 열거형 이름을 지정하고 뒤에 그 멤버를 적는다.

```
colorOfBag = BagColor.Yellow
```

> **참고** Swift에서는 열거형 이름 뒤에 그 멤버를 지정해야 한다. UITableViewCellAccessoryDetailDisclosureButton과 같이 멤버 이름만 지정하는 Objective-C와는 다르다. Swift의 이러한 방식은 코드를 더 이해하기 쉽게 만든다.

단순히 그 멤버 이름을 명시하는 것으로 열거형 이름을 생략할 수 있다.

```
colorOfBag = .Yellow
```

■ Switch 문에서 열거형 사용하기

열거형은 Switch 문에서 종종 사용된다. 다음은 colorOfBag의 값을 확인하고 각 문장을 출력하는 코드이다.

```
switch colorOfBag {
    case BagColor.Black:
        println("Black")
    case BagColor.White:
        println("White")
    case BagColor.Red:
        println("Red")
    case BagColor.Green:
        println("Green")
    case BagColor.Yellow:
        println("Yellow")
}
```

colorOfBag의 형(BagColor)은 이미 알려져 있기 때문에 Swift는 열거형 멤버만 명시하고 그 이름을 생략하는 것을 허용한다.

```
switch colorOfBag {
    case .Black:
        println("Black")
    case .White:
        println("White")
    case .Red:
        println("Red")
    case .Green:
        println("Green")
    case .Yellow:
        println("Yellow")
}
```

■ 열거형 원시 값

열거형에 수행하는 일반적인 연산 중 하나는 열거형의 멤버에 값을 연결하는 것이다. 예를 들어, colorOfBag의 값을 파일에 문자열로(또는 정수로) 저장한다고 가정해보자. Swift는 이 경우 매우 쉽게 열거형의 멤버에 값을 연결할 수 있다.

```swift
enum BagColor: String {
    case Black = "Black"
    case White  = "White"
    case Red = "Red"
    case Green = "Green"
    case Yellow = "Yellow"
}
```

열거형 선언 뒤에, 열거형의 이름과 콜론 (:)을 추가하고 각 멤버와 연관된 자료형을
표시한다 (모든 멤버는 반드시 같은 형이어야 한다).

```swift
enum BagColor: String {
```

> **참고** 위 코드에서 String은 기본형이다.

그러고서 열거형 안에서 각 멤버에 방금 명시한 자료형의 값을 할당한다.

```swift
case Black = "Black"
case White = "White"
case Red = "Red"
case Green = "Green"
case Yellow = "Yellow"
```

> **참고** 각각의 원시 값은 반드시 열거형 내에서 유일해야 한다.

열거형의 값을 얻으려면 열거형 인스턴스의 rawValue 프로퍼티를 사용해야 한다.

```swift
var colorOfBag:BagColor
colorOfBag = BagColor.Yellow
var c = colorOfBag.rawValue
println(c) //---"Yellow"를 출력한다---
```

rawValue 프로퍼티는 열거형의 각 멤버에 할당된 값을 반환할 것이다.

그럼 그 반대는 어떨까? "Green" 문자열을 가지고 있다면 그것을 어떻게 열거형 멤버

로 변환할 수 있을까? 다음처럼 rawValue 이니셜라이저를 사용하여 변환할 수 있다.

```
var colorOfSecondBag:BagColor? = BagColor(rawValue:"Green")
```

위 문장은 "Green" 문자열을 BagColor의 열거형 멤버로 변환하기 위해 rawValue 이니셜라이저를 사용한다. rawValue 이니셜라이저는 열거형 멤버를 반환할 수 있다는 것을 보장하지 않기 때문에(예를 들어 "Brown"과 같은 값을 전달하는 경우를 상상해보자) 옵셔널 값을 반환한다. 그러므로 이 문장에서 ? 기호를 사용한다. 값이 반환되고 나서는 그 값을 사용할 수 있다.

```
if colorOfSecondBag == BagColor.Green {
    ...
}
```

colorOfSecondBag에서 rawValue 프로퍼티를 사용하고 싶다면 그것을 사용하기 전에 nil인지 아닌지 확인해야 한다.

```
//---colorOfSecondBag이 nil이 아닌 경우에만 출력한다---
if colorOfSecondBag != nil {
    println(colorOfSecondBag!.rawValue)
}
```

또한 rawValue 프로퍼티에 접근하기 전에 colorOfSecondBag의 값을 강제로 언랩핑하기 위해 ! 문자를 사용해야 한다.

■ 원시 값의 자동 증가

앞 절에서는 열거형 각 멤버에 문자열 값을 할당하는 것을 살펴보았다. 문자열 대신 정수 값도 빈번하게 할당할 것이다. 좋은 예는 다음 코드에서 보이는 것처럼 요일을 표현할 때이다.

```
enum DayOfWeek: Int {
    case Monday = 1
    case Tuesday = 2
    case Wednesday = 3
    case Thursday = 4
    case Friday = 5
```

```
    case Saturday = 6
    case Sunday = 7
}
```

위 문장에서 정수 값으로 할당된 각 요일을 볼 수 있다. 월요일은 1, 화요일은 2와 같이 할당되었다. 다음 문장은 사용법을 보여준다.

```
var d = DayOfWeek.Wednesday
println(d.rawValue) //---3을 출력한다---
```

열거형에서 원시 값을 정수 값으로 사용할 때, 다음 멤버에 특정 값이 지정되어 있지 않으면 그 값은 자동으로 증가한다. 예를 들어, 다음 코드는 DayOfWeek 열거형의 첫 번째 멤버만 값이 설정된 것을 보여준다.

```
enum DayOfWeek: Int {
    case Monday = 1
    case Tuesday
    case Wednesday
    case Thursday
    case Friday
    case Saturday
    case Sunday
}
```

정수 원시 값의 자동 증가 때문에 다음 코드는 제대로 작동한다.

```
var d = DayOfWeek.Thursday
println(d.rawValue) //---4를 출력한다---
```

■ 연관 값

앞 절에서는 열거형의 각 멤버에 값을 할당할 수 있는 방법을 보았다. 때때로 열거형의 개별 멤버에 관련된 값을 저장할 수 있으면 매우 유용할 것이다. 다음 코드를 살펴보자.

```
enum NetworkType: String {
    case LTE = "LTE"
    case ThreeG = "3G"
}
```

```
enum DeviceType {
    case Phone (NetworkType, String)
    case Tablet(String)
}
```

첫 번째 열거형인 NetworkType은 휴대폰에서 연결할 수 있는 네트워크 종류를 나타낸다. 두 번째 열거형인 DeviceType은 장치의 두 가지 종류(Phone, Tablet)를 나타낸다. 장치가 휴대폰일 때는 그것과 관련된 어떤 값을 저장하고 싶을 것이다. 여기서는 네트워크 종류와 모델명을 저장하려고 한다. 장치가 태블릿이면 장치의 모델명만을 저장할 것이다.

위에 선언된 열거형을 사용하기 위해서는 다음 코드를 살펴보아야 한다.

```
var device1 = DeviceType.Phone(NetworkType.LTE, "iPhone 5S")
var device2 = DeviceType.Tablet("iPad Air")
```

device1은 장치 종류가 휴대폰이며 관련 정보(네트워크 종류와 모델명)를 함께 저장한다. device2는 장치 종류가 태블릿이고 모델명을 함께 저장한다.

열거형의 연관 값을 추출하기 위해 Switch 문을 사용할 수 있다.

```
switch device1 {
    case .Phone(let networkType, let model):
        println("₩(networkType.rawValue) - ₩(model)")
    case .Tablet(let model):
        println("₩(model)")
}
```

위 코드는 다음과 같이 출력할 것이다.

```
LTE - iPhone 5S
```

■ 열거형 함수

열거형 안에 함수를 정의할 수 있다. 이전 절에서 사용했던 예제를 이용하여 DeviceType 열거형에 지금 info라는 함수를 추가할 것이다.

```
enum DeviceType {
    case Phone (NetworkType, String)
    case Tablet(String)
    var info: String {
        switch (self) {
            case let .Phone (networkType, model):
                return "\(networkType.rawValue) - \(model)"
            case let .Tablet (model):
                return "\(model)"
        }
    }
}
```

위 코드에서 info() 함수는 문자열을 반환한다. self 키워드를 사용하여 현재 선택
된 멤버를 확인하고 네트워크 종류와 모델을 반환하거나(휴대폰인 경우) 아니면 모델
만을 반환한다 (태블릿인 경우). 함수를 사용하려면 단순히 열거형 인스턴스에서 그것
을 호출한다.

```
println(device1.info) //---LTE - iPhone 5S---
println(device2.info) //---iPad Air---
```

요약

이 장에서는 Swift에서 제공하는 기본 자료형에 대해 자세히 살펴보았다. 추가로 Swift
를 안전한 타입 언어로 만들어 주는 일부 기능도 배웠다. 또한 Swift는 옵셔널 타입, 튜
플 등과 같은 새로운 기능을 도입했다. 그리고 열거형은 원시 값, 연관 값, 내부 함수
지원 등과 함께 더욱 강화되었다.

1. 다음 코드를 살펴보자. 이 코드는 컴파일러에 오류가 발생한다. 이를 해결하는 법을 제안해보자.

```
import Foundation
var weightInPounds = 154
var heightInInches = 66.9
var BMI = (weightInPounds / pow(heightInInches,2)) *
703.06957964 println(BMI)
```

2. 다음 코드를 살펴보자.

```
enum cartoonCharacters: Int {
    case FelixTheCat = 1
    case AngelicaPickles
    case ThePowerpuffGirls
    case SpiderMan = 9
    case GeorgeOfTheJungle
    case Superman
    case Batman
        }
```

다음 문장의 출력 결과는 무엇인가?

```
var d = cartoonCharacters.GeorgeOfTheJungle
println(d.rawValue)

d = cartoonCharacters.AngelicaPickles
println(d.rawValue)
```

3. 다음 코드를 살펴보자.

```
enum cartoonCharacters: Int {
    case FelixTheCat
    case AngelicaPickles
    case ThePowerpuffGirls
    case SpiderMan = 9
    case GeorgeOfTheJungle
    case Superman
```

```
        case Batman
    }
```

다음 문장의 출력 결과는 무엇인가?

```
var d = cartoonCharacters.GeorgeOfTheJungle
println(d.rawValue)

d = cartoonCharacters.AngelicaPickles
println(d.rawValue)
```

4. 다음 코드는 컴파일러에 오류가 발생한다. 이것을 고쳐보자.

```
var isMember:Bool?
if isMember {
    println("User is a member")
} else {
    println("User is a not member")
}
```

• 이 장에서 배운 것

주제	핵심 개념
정수	정수는 Int와 UInt형을 사용하여 나타낸다. 또한 Int8와 UInt8, Int16와 UInt16, Int32와 UInt32, Int64와 UInt64와 같이 특정 크기의 형을 사용할 수 있다.
정수 표현	정수는 10진수, 2진수, 8진수, 16진수로 표현할 수 있다.
부동 소수점 수	부동 소수점 수는 Float이나 Double형으로 나타낼 수 있다.
부동 소수점 수 표현	부동 소수점 수는 10진수나 16진수로 표현할 수 있다.
불린 값	불린 값은 true나 false이다.
튜플	튜플은 값의 컬렉션으로 순서를 가진다.
옵셔널 타입	옵셔널 타입 변수는 값을 가지거나 nil이 될 수 있다.
옵셔널 변수 언랩핑	옵셔널 변수의 값을 얻으려면 ! 문자를 사용한다.
자동으로 언랩핑되는 옵셔널	자동으로 언랩핑되는 옵셔널 타입으로 선언하면 값을 얻기 위해 ! 문자를 사용할 필요가 없다.
옵셔널 바인딩	옵셔널 바인딩은 옵셔널의 값이 다른 변수에 직접 할당될 수 있도록 한다.
?을 사용한 옵셔널 언랩핑	옵셔널 변수의 메소드나 프로퍼티를 호출하기 전에 옵셔널 변수가 nil 인지 아닌지 확신할 수 없다면 ? 문자를 사용한다.
열거형	열거형은 이름이 있는 상수의 그룹으로 구성된 사용자 정의형이다.
열거형 원시 값	열거형의 각 멤버에 값을 할당할 수 있다.
열거형 값 자동 증가	열거형의 멤버에 정수 값을 할당할 수 있다. 컴파일러는 자동으로 정수 값을 증가시켜 그 다음 멤버에 할당한다.
열거형 연관 값	열거형의 개별 멤버와 관련된 값을 저장할 수 있다.
열거형 함수	열거형의 정의 안에 함수를 포함할 수도 있다.

03

문자열과 문자

이 장에서 배울 내용

» 문자열 리터럴을 정의하는 법
» 문자열의 복사
» 문자열과 문자의 차이점
» 다양한 특수 문자를 사용하는 법

» Swift에서 유니코드 문자를 사용하는 법
» 다양한 문자열 함수를 사용하는 법
» 문자열에서 형 변환의 동작
» String형과 NSString 클래스의 상호 연동

이전 장에서는 Swift에서 제공하는 다양한 기본 자료형과 튜플, 옵셔널 타입, 진화한 열거형 등 새로 도입된 기능에 대해서 배웠다. 이 장에서는 Swift에서 String형을 사용하여 문자열을 표현하는 법과 Objective-C의 Foundation 프레임워크에 있는 NSString 클래스와 연동하는 법을 배울 것이다. 특히 Swift는 기본적으로 유니코드를 지원하기 때문에 문자열을 다룰 때 주의해야 할 부분이 있다. 이 장에서는 이 모든 것을 다룬다.

문자열

Swift에서 문자열 리터럴은 큰따옴표("") 쌍으로 감싼 문자의 나열이다. 다음 코드는 상수와 변수에 각각 할당된 문자열 리터럴을 보여준다.

```
let str1 = "This is a string in Swift"       //---str1은 상수이다---
var str2 = "This is another string in Swift" //---str2는 변수이다---
```

컴파일러는 형 추론을 사용하기 때문에 문자열이 할당될 상수와 변수의 형을 명시할 필요가 없다. 하지만 원한다면 String형을 명시적으로 지정할 수 있다.

```
var str3:String = "This is yet another string in Swift"
```

빈 문자열을 할당하려면 다음과 같이 빈 큰따옴표 쌍을 사용하거나 String형의 이니셜
라이저를 호출하면 된다.

```
var str4 = ""
var str5 = String()
```

위 문장은 str4와 str5이 빈 문자열을 포함하도록 초기화한다. 변수가 빈 문자열을
가지고 있는지 확인하기 위해서는 String형의 isEmpty() 메소드를 사용한다.

```
if str4.isEmpty {
    println("Empty string")
}
```

■ 문자열 가변성

문자열의 가변성은 변수에 할당되고 나서 수정될 수 있는지 없는지를 의미한다. Swift
에서 문자열의 가변성은 상수에 할당되었는지 변수에 할당되었는지에 따라 의존적이
된다. 변수에 할당된 문자열은 다음처럼 변경 가능하다.

```
var myName = "Wei-Meng"
myName += " Lee"
println(myName)  //---Wei-Meng Lee---
```

상수에 할당된 문자열은 변경할 수 없다 (immutable 즉, 그 값을 바꿀 수 없다).

```
let yourName = "Joe"
yourName += "Sim"      //---오류---
yourName = "James"     //---오류---
```

■ 문자열 값 타입

Swift에서 String은 값 타입이다. 이것은 문자열을 다른 변수에 할당하거나 함수에 전
달할 때, 항상 문자열의 사본이 만들어진다는 것을 의미한다. 다음 코드를 살펴보자.

```
var originalStr = "This is the original"
var copyStr = originalStr
```

위 예제에서 originalStr는 문자열 리터럴로 초기화되고 나서 copyStr에 할당된다. 그림 3-1과 같이 문자열 리터럴의 사본이 복사되고 copyStr에 할당된다.

 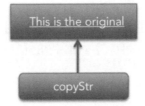

그림 3-1

두 변수의 값을 출력하면 동일한 문자열 리터럴이 출력되는 것을 볼 수 있다.

```
println(originalStr) //---This is the original---
println(copyStr)     //---This is the original---
```

그럼 다른 문자열 리터럴을 대입하여 copyStr 변수를 바꿔보자.

```
copyStr = "This is the copy!"
```

이제 여기서 그림 3-2와 같이 copyStr이 다른 문자열로 할당된다.

그림 3-2

이를 확인하기 위해 두 변수의 값을 출력한다.

```
println(originalStr)
println(copyStr)
```

위 코드는 다음과 같은 결과를 출력할 것이다.

```
This is the original
This is the copy!
```

■ 문자

앞서 언급했던 것처럼, Swift에서 문자열은 **문자**로 구성된다. For-In 루프를 사용하여 문자열 전체를 순회하면서 각 문자를 추출할 수 있다. 다음 코드는 이 예를 보여준다.

```
var helloWorld = "Hello, World!"

for c in helloWorld {
    println(c)
}
```

위 문장은 다음과 같이 출력한다.

```
H
e
l
l
o
,

W
o
r
l
d
!
```

For-In 루프는 유니코드 문자에서도 작동한다.

```
var hello = "您好" //---hello는 한자 두 자를 포함한다---
for c in hello {
    println(c)
}
```

위 코드는 다음을 출력한다.

```
您
好
```

기본적으로 컴파일러는 큰따옴표에 둘러싸인 문자를 형 추론을 사용하여 항상 String 형으로 간주할 것이다. 예를 들어, 다음 문장에서 euro는 String형으로 추론된다.

```
var euro = "€"
```

하지만 euro를 Character형으로 사용하려면 명시적으로 Character형을 지정해야 한다.

```
var euro:Character = "€"
```

문자에 문자열을 덧붙이기 위해서는 다음과 같이 문자를 문자열로 변환해야 한다.

```
var euro:Character = "€"
var price = String(euro) + "2500" //---€2500---
euro += "2500" //---오류---
```

■ 문자열 연결

Swift에서는 + 연산자를 사용하여 문자열을 연결할 수 있다.

```
var hello = "Hello"
var comma = ","
var world = "World"
var exclamation = "!"
var space = " "
var combinedStr = hello + comma + space + world + exclamation
println(combinedStr) //---Hello, World!---
```

또한 **첨가 할당 (+=) 연산자**를 사용하여 문자열에 다른 문자열을 덧붙일 수 있다.

```
var hello = "Hello"
hello += ", World!"
println(hello) //---Hello, World!"
```

앞의 예제에서는 모두 같은 String형인 변수를 연결하고 있다. String 변수와 다른 형의 변수를 연결하고자 한다면 주의해야 할 것이 몇 가지 있다. 다음 문장을 살펴보자.

```
var euro:Character = "€"
var amount = 500
```

여기서 euro는 Character형이고 amount는 Int형이다. 두 변수를 문자열로 합치는 가장 쉬운 방법은 **문자열 삽입**(string interpolation)을 사용하는 것이다. 문자열 삽입은 다음 구문을 가진다.

```
₩(variable_name)
```

다음 문장은 euro와 amount를 단일 문자열로 합치기 위해 문자열 삽입을 사용한 것이다.

```
var amountStr1 = "₩(euro)₩(amount)"
println(amountStr1) //---€500---
```

문자열을 숫자 값(Double이나 Int와 같은)과 합치려고 하면 오류가 발생할 것이다.

```
var amountStr2 = "₩(euro)" + amount //---오류---
```

대신에 명시적으로 String() 이니셜라이저를 사용하여 숫자 값을 문자열로 변환해야 한다.

```
var amountStr2 = "₩(euro)" + String(amount)
```

마찬가지로 Character형과 Int형을 합치려고 하면 컴파일러 오류가 발생할 것이다.

```
var amountStr3 = euro + amount //---오류---
```

평소대로 합치기 전에 두 자료형을 String으로 변환해야 한다.

```
var amountStr3 = String(euro) + String(amount)
```

■ 특수 문자

Swift에서 문자열 리터럴은 특수한 의미를 가지는 문자를 하나 이상 포함할 수 있다.

문자열 안에 큰따옴표(")를 나타내고자 한다면 큰따옴표 앞에 백슬래시(₩)를 붙여야
한다.

```
var quotation =
    "Albert Einstein: ₩"A person who never made a mistake never
        tried anything new₩""
println(quotation)
```

위 문장은 다음을 출력한다.

```
Albert Einstein: "A person who never made a mistake never tried
anything new"
```

문자열 안에 작은 따옴표(')를 나타내고자 한다면 그냥 문자열 안에 따옴표를 포함하
면 된다.

```
var str = "'A' for Apple"
println(str)
```

위 문장은 다음을 출력한다.

```
'A' for Apple
```

문자열 안에 백슬래시(₩)를 나타내고자 한다면 백슬래시 앞에 다른 백슬래시(₩)를
붙이면 된다.

```
var path = "C:₩₩WINDOWS₩₩system32"
println(path)
```

위 문장은 다음을 출력한다.

```
C:₩WINDOWS₩system32
```

특수 문자 \t는 탭 문자를 나타낸다.

```
var headers = "Column 1 \t Column 2 \t Column3"
println(headers)
```

위 문장은 다음을 출력한다.

```
Column 1    Column 2    Column3
```

특수 문자 \n은 개행 문자를 나타낸다.

```
var column1 = "Row 1\nRow 2\nRow 3"
println(column1)
```

위 문장은 다음을 출력한다.

```
Row 1
Row 2
Row 3
```

■ 유니코드

Swift에서 Character는 단일 **확장 문자소 클러스터**(extended grapheme cluster)로 나타낸다. 확장 문자소 클러스터는 혼합하여 사람이 읽을 수 있는 문자를 만들어 내는 유니코드 스칼라(Unicode scalars)의 나열이다. 다음 예제를 살펴보자.

```
let hand:Character = "\u{270B}"
let star = "\u{2b50}"
let bouquet = "\u{1F490}"
```

위 코드에서 세 변수는 모두 Character형이고 첫 번째 변수는 명시적으로 선언되었다. 이 값들은 **단일 유니코드 스칼라**로 할당되고 그림 3-3과 같이 결과를 표시한다.

그림 3-3

> **참고** 각 유니코드 스칼라는 고유한 21비트 수이다.

또 다른 예제이다.

```
let aGrave = "\u{E0}" //---à---
```

위 문장에서 aGrave는 악센트 부호를 가진 라틴어 소문자 "a"인 à를 나타낸다. 해당 문자 뒤에 결합 저음 악센트(COMBINING GRAVE ACCENT) 부호가 따라오는 스칼라 쌍을 사용하여 같은 문장을 작성할 수도 있다.

```
let aGrave = "\u{61}\u{300}"
```

어떠한 경우에도 aGrave 변수는 하나의 문자만을 포함한다. 이를 좀 더 명확히 하기 위해 다음 문장을 살펴보자.

```
var voila = "voila"
```

위 문장에서 voila는 다섯 문자를 가진다. 다음과 같이 그 문자열에 결합 악센트 부호 스칼라를 추가해도 voila 변수는 여전히 다섯 문자를 가진다.

```
voila = "voila" + "\u{300}"  //--- voilà---
```

이는 a가 à로 변했기 때문이다.

문자열 함수

문자열을 다루다 보면 종종 다음 연산이 필요할 때가 있다.

- 문자열이 같은지 검사
- 문자열의 시작과 끝이 특정 문자열로 이뤄졌는지 검사
- 문자열이 특정 문자열을 가지고 있는지 검사
- 문자열의 길이를 확인

다음 절은 이러한 문자열 연산을 언급한다.

■ 동일성

Swift에서 문자열과 문자의 비교는 ==(**같음**) 연산자나 !=(**같지 않음**) 연산자를 사용하여 수행한다. 두 문자열이 정확히 같은 순서로 같은 유니코드 스칼라를 가지고 있다면 같다고 간주된다. 이해를 돕기 위한 예제가 있다.

```
var string1 = "I am a string!"
var string2 = "I am a string!"
println(string1 == string2)  //---true---
println(string1 != string2)  //---false---
```

다음 예제는 각각 유니코드 문자를 가진 두 문자 변수 간의 비교를 보여준다.

```
var s1 = "é"           //---é---
var s2 = "\u{E9}"      //---é---
println(s1 == s2)      //---true---
```

다음 예제는 각각 유니코드 문자를 포함하고 있는 두 문자열 간의 비교를 보여준다.

```
var s3 = "café"              //---café---
var s4 = "caf₩u{E9}"         //---café---
println(s3 == s4)            //---true---
```

그 앞의 스칼라에 결합 고음 악센트 (COMBINING ACUTE ACCENT) 부호를 적용하면, 그 문자열은 다음 코드처럼 결합 고음 악센트 스칼라를 사용하지 않은 문자열과 달라진다.

```
var s5 = "voilà"             //--- voilà---
var s6 = "voila" + "₩u{301}" //--- voila + `---
println(s5 == s6)            //---false---

let s7 = "₩u{E0}"            //---à---
let s8 = "₩u{61}₩u{301}"     //---a + `---
println(s7 == s8)            //---false---
```

■ 접두사와 접미사

문자열이 특정 문자열 접두사로 시작하는지 확인하려면 hasPrefix() 메소드를 사용한다.

```
var url: String = "www.apple.com"
var prefix = "http://"
if !url.hasPrefix(prefix) {
    url = prefix + url
}
println(url)
```

위 코드에서 hasPrefix() 메소드는 String형 인자를 받아서, 해당 문자열이 지정한 문자열 접두사를 가지고 있으면 true를 반환한다.

마찬가지로 문자열이 특정 문자열 접미사를 가지고 있는지 아닌지 검사할 때는 hasSuffix() 메소드를 사용할 수 있다.

```
var url2 = "https://developer.apple.com/library/prerelease/ios/" +
           "documentation/General/Reference/" +
           "SwiftStandardLibraryReference/"
```

```
    var suffix = "/"
    if url2.hasSuffix(suffix) {
        println("URL ends with ₩(suffix)")
    } else {
        println("URL does not end with ₩(suffix)")
    }
```

hasPrefix()와 hasSuffix() 메소드는 유니코드 문자에도 제대로 작동한다.

```
    var str = "voila" + "₩u{300}" //--- voila + `---
    var suffix = "à"
    if str.hasSuffix(suffix) {
        println("String ends with ₩(suffix)")
    } else {
        println("String does not end with ₩(suffix)")
    }
```

위 코드는 다음을 출력한다.

```
    String ends with à
```

■ 문자열 길이

Objective-C에서는 length 프로퍼티를 사용하여 문자열의 길이/크기를 얻었다. 하지
만 Swift에서 유니코드 문자들은 메모리의 저장 공간에 같은 크기를 차지하지 않기 때
문에 문자열에 length 프로퍼티를 호출하면 제대로 작동하지 않을 것이다(length
프로퍼티는 16비트 코드 단위 기반이다). Swift에서 문자열의 길이를 알아내는 방법은
두 가지가 있다.

• Swift에서는 NSString의 length 프로퍼티에 상응하는 것을 사용한다. NSString
  의 length 프로퍼티는 현재 Swift에서 감싸져 utf16Count 프로퍼티로 사용 가능
  하다. 이 방식은 자신의 문자열에서 유니코드 문자들을 다루지 않을 때 유용하다.

• NSString에서 length 프로퍼티를 직접 사용한다. 문자열을 NSString으로 선
  언하고 length 프로퍼티를 직접 호출하거나 bridgeToObjectiveC() 메소드를

사용하여 String 인스턴스를 NSString 인스턴스로 변환 후 사용할 수 있다.[1]

- Swift에서 문자열의 길이/크기를 확인하기 위해 count() 전역 함수를 사용할 수 있다. count() 함수는 유니코드 문자열의 크기를 정확하게 잴 수 있다.

> **참고** "NSString와 상호 연동" 절에서 Swift에서 NSString을 사용하는 법에 대해 좀 더 자세히 다룬다.

몇 가지 예제들이다. 먼저 이 문장을 살펴보자.

```
let bouquet:Character = "\u{1F490}"
```

bouquet는 Character로 선언되었기 때문에 count() 함수를 사용할 수 없다. (count() 함수는 문자열에만 작동한다)

```
println(count(bouquet))  //---오류---
```

다음 문장은 각각 문자열의 길이 1을 출력한다.

```
var s1 = "é"           //---é---
println(count(s1))      //---1---

var s2 = "\u{E9}"       //---é---
println(count(s2))      //---1---
```

유니코드 문자를 직접 사용하든지 문자열 안에 유니코드 스칼라를 사용하든지 문자열의 길이는 여전히 동일하다.

```
var s3 = "café"         //---café---
println(count(s3))      //---4---

var s4 = "caf\u{E9}"    //---café---
println(count(s4))      //---4---
```

---

1 **역주**: 최신 Swift 1.2 버전에서는 bridgeToObjectiveC() 메소드명이 _bridgeToObjectiveC()로 바뀌었다. 이는 애플 내부함수로 사용하기 위함이다. 따라서 bridgeToObjectiveC() 대신에 as 키워드를 사용하기 바란다.

count() 함수는 문자열과 유니코드 스칼라를 합치더라도 다음과 같이 여전히 문자의 수를 올바르게 셀 수 있다.

```
var s5 = "voilà"              //--- voilà---
println(count(s5))            //---5---

var s6 = "voila" + "\u{300}"  //--- voila + `---
println(count(s6))            //---5---
```

■ 부분 문자열

문자열에 흔히 사용하는 연산 중 하나는 부분 문자열로 알려진 문자열의 일부를 추출하는 것이다. 불행히도 String형은 유니코드 문자들을 지원하기 때문에 문자열을 추출하는 것이 그리 간단하지 않다. 이 절에서는 문자열에서 일부분을 추출하는 법에 대해 설명한다.

먼저, 다음 swiftString 문자열을 살펴보자.

```
let swiftString:String =
    "The quick brown fox jumps over the lazy dog."
```

String형은 String.Index형의 프로퍼티들을 다수 가지고 있다. Index는 String 변수에서 현 문자, 다음 문자, 이전 문자 등을 가리키는 다수의 프로퍼티를 포함하고 있는 구조체이다. Index 구조체는 String형의 확장으로 정의되어 있다.

```
extension String : Collection {
    struct Index : BidirectionalIndex, Reflectable {
        func successor() -> String.Index
        func predecessor() -> String.Index
        func getMirror() -> Mirror
    }
    var startIndex: String.Index { get }
    var endIndex: String.Index { get }
    subscript (i: String.Index) -> Character { get }
    func generate() -> IndexingGenerator<String>
}
```

Index 구조체의 사용에 대해 이해하기 위해 다음 문장을 살펴보자.

```
println(swiftString[swiftString.startIndex])    //---T---
```

위 문장은 문자열의 첫 번째 문자를 참조하기 위해 startIndex 프로퍼티 (String.Index 형)를 사용한다. 첫 번째 문자를 추출하기 위해 startIndex 프로퍼티를 String의 subscript() 메소드에 인덱스로 전달하는데 사용한다. String 변수에 문자들이 저장된 방식 때문에, 직접 추출하려는 문자의 위치를 나타내는 숫자를 지정할 수 없다는 것에 주의한다.

```
println(swiftString[0])    //---오류---
```

또한 predecessor() 메소드와 함께 endIndex 프로퍼티를 사용하여 문자열에서 마지막 문자를 얻을 수도 있다.

```
println(swiftString[swiftString.endIndex.predecessor()])    //---.---
```

특정 인덱스의 문자를 얻기 위해서는 advance() 메소드에 시작 위치에서 이동할 문자의 수를 지정할 수 있다.

```
//---해당 문자열의 startIndex에서 시작하여 2 문자 전진---
var index = advance(swiftString.startIndex, 2)
println(swiftString[index])    //---e---
```

위 문장에서 index는 String.Index형이다. 문자열에서 문자를 추출하기 위해 이 변수를 이용한다. 또한 마지막 인덱스를 시작으로 하여 이동할 음수 값을 지정하여 문자열을 거꾸로 순회할 수 있다.

```
index = advance(swiftString.endIndex, -3)
println(swiftString[index])    //---o---
```

successor() 메소드는 현재 문자 다음의 문자 위치를 반환한다.

```
println(swiftString[index.successor()])    //---g---
```

predecessor() 메소드는 현재 문자 이전의 문자 위치를 반환한다.

```
println(swiftString[index.predecessor()])    //---d---
```

또한 subStringFromIndex() 메소드를 사용하여 특정 인덱스에서 시작하는 부분 문자열을 얻을 수 있다.

```
println(swiftString.substringFromIndex(index))
//---e quick brown fox jumps over the lazy dog.---
```

마찬가지로 substringToIndex() 메소드를 사용하여 처음부터 특정 인덱스까지의 부분 문자열을 얻을 수 있다.

```
println(swiftString.substringToIndex(index)) //---Th---
```

문자열 안에서 범위를 구하는 건 어떨까? 다음 코드를 사용할 수 있다.

```
//---Range<Int> 인스턴스를 만든다; 시작 인덱스 4와 종료 인덱스 8---
let r = Range(start: 4, end: 8)

//---시작 문자를 가리킬 String.Index 인스턴스를 만든다---
let startIndex = advance(swiftString.startIndex, r.startIndex)

//---마지막 문자를 가리킬 String.Index 인스턴스를 만든다---
let endIndex = advance(startIndex, r.endIndex - r.startIndex + 1)

//---Range<String.Index> 인스턴스를 만든다--
var range = Range(start: startIndex, end: endIndex)

//---Range<String.Index> 인스턴스를 사용하여 부분 문자열을 추출한다---
println(swiftString.substringWithRange(range)) //---quick---
```

위 코드는 인덱스 4부터 8까지의 문자를 추출하기 위해 substringWithRange() 메소드를 사용한다. substringWithRange() 메소드는 Range<String.Index> 인스턴스를 인자로 받기 때문에 이 인스턴스를 만들기 위해 약간의 코드가 필요하다.

문자열 안에서 문자의 위치를 찾으려면 find() 메소드를 사용할 수 있다.

```
//---문자열 안에서 문자의 위치를 검색---
let char:Character = "i"
if let charIndex = find(swiftString, char) {
    let charPosition = distance(swiftString.startIndex,
        charIndex)
    println(charPosition) //---6---
}
```

find() 메소드는 String.Index 인스턴스를 반환한다. 그것을 정수로 변환하기 위해서는 distance() 메소드를 사용해야 한다.

■ String을 Array로 변환하기

문자열의 개별 문자를 다루는 또 다른 방법은 String 값을 배열로 변환하는 것이다. 다음 문장은 유니코드 문자를 포함한 문자열인 str을 보여준다.

```
var str = "voila" + "₩u{300}" //--- voila + `---
```

문자열을 Array 인스턴스로 변환할 수 있다.

```
var arr = Array(str)
```

문자열을 배열로 변환하고 나면 인덱스를 통해 개별 문자들에 접근할 수 있다.

```
println(arr[4]) //---à---
```

■ 형 변환

Swift에는 암시적 형 변환이 없다. 변수를 다른 형으로 변환할 때마다 명시적 변환을 수행해야 한다. 다음 문장을 살펴보자.

```
var s1 = "400"
```

s1은 형 추론에 의해 String형이다. 이것을 Int형으로 변환하려고 한다면 명시적으로 toInt() 메소드를 사용해야 한다.

```
var amount1:Int? = s1.toInt()
```

옵셔널 타입을 가리키는 ? 문자를 반드시 명시해야 한다. 그렇지 않으면 형 변환은 실패할 것이다. 위 예제를 형 추론을 사용하여 다시 작성할 수 있다.

```
var amount1 = s1.toInt()
```

다른 예제를 살펴보자.

```
var s2 = "1.25"
```

이것을 Int형으로 변환하기 위해 명시적으로 toInt() 메소드를 호출하면 nil을 얻
게 될 것이다.

```
var amount2 = s2.toInt()  //---해당 문자열을 Int로 변환할 수 없으므로 nil---
```

이것을 Double형으로 변환하기 위해서 명시적으로 toDouble() 메소드를 호출하면
오류가 발생할 것이다.

```
var amount2:Double = s2.toDouble()   //---오류---
```

이는 String형이 toDouble() 메소드를 가지고 있지 않기 때문이다. 이를 해결하기
위해 문자열을 NSString으로 변환하여 doubleValue 프로퍼티를 사용할 수 있다.

```
var amount2: Double = (s2 as NSString).doubleValue   //---1.25---
```

참고 다음 절 "NSString와 상호 연동"에서 좀 더 자세히 다룬다.

숫자 값을 String형으로 바꾸는 것은 어떨까? 다음 코드를 살펴보자.

```
var num1 = 200    //---num1은 Int이다---
var num2 = 1.25   //---num2는 Double이다---
```

Int형인 num1을 String 이니셜라이저를 사용하여 변환할 수 있다.

```
var s3 = String(num1)
```

아니면 문자열 삽입 메소드를 사용할 수도 있다.

```
var s3 = "₩(num1)"
```

Double형인 num2는 String 이니셜라이저를 사용할 수 없다. Double형을 인자로
받아들이지 않기 때문이다.

```
var s4 = String(num2)    //---오류---
```

대신에 문자열 삽입 메소드를 사용할 수 있다.

```
var s4 = "₩(num2)"
```

NSSTRING과 상호 연동

Objective-C의 NSString 클래스에 익숙하다면, Swift에서 String형을 Foundation 프레임워크의 NSString 클래스와 거의 완전하게 연동할 수 있다는 사실에 기쁠 것이다. 이것은 NSString과 관련된 메소드와 프로퍼티를 Swift의 String형에서 계속해서 사용할 수 있다는 것을 의미한다. 하지만 알아야 할 몇 가지 주의사항이 있다.

다음 문장을 살펴보자.

```
var str1 = "This is a Swift string"
```

str1은 형 추론에 기반하여 String형이 될 것이다. 하지만 다음 프로퍼티들처럼 여전히 NSString에 사용 가능한 메소드와 프로퍼티를 사용할 수 있다.

```
println(str1.uppercaseString)
println(str1.lowercaseString)
println(str1.capitalizedString)
```

위 문장에서 uppercaseString, lowercaseString, capitalizedString은 모두 NSString에 속한 프로퍼티들이다. 하지만 String 인스턴스에서 사용할 수 있다.

또한 Swift는 다음 예제처럼 자동적으로 NSString형의 NSArray 결과를 Swift의 Array 클래스로 변환해준다.

```
var fruitsStr = "apple,orange,pineapple,durian"
var fruits = fruitsStr.componentsSeparatedByString(",")
for fruit in fruits {
    println(fruit)
}
```

위 코드는 문자열에서 쉼표(,)로 분리된 항목들의 배열을 추출한다. NSArray형의 결과는 Swift에서 자동으로 Array형으로 변환된다. 위 예제는 다음 결과를 출력할 것이다.

```
apple
orange
pineapple
durian
```

■ String을 NSString으로 변환하기

NSString에서 온 일부 메소드는 Swift에서 주의해야 한다. 예를 들어, contains String() 메소드는 NSString에서는 직접 호출 가능 하지만 String 인스턴스에서는 호출할 수 없다. 오류가 발생할 것이다.

```
var str1 = "This is a Swift string"
println(str1.containsString("Swift"))
//---오류: 'String' does not have a member named 'containsString'---
```

이러한 경우에는 먼저 as 키워드를 사용하여 String 인스턴스를 명시적으로 NSString 인스턴스로 변환해야 한다.

```
var str1 = "This is a Swift string"
println((str1 as NSString).containsString("Swift"))    //---true---
```

String 인스턴스를 NSString 인스턴스로 변환하고 나서는 containsString() 메소드를 호출할 수 있다.

이 장의 초반에 설명했던 것처럼 Swift에서는 문자열의 길이를 얻을 때 String에 문자가 저장되는 방식 때문에 count() 메소드를 사용해야 한다. 하지만 NSString으로 형 변환하여 NSString 클래스의 length 프로퍼티를 사용할 수도 있다.

```
var str1 = "This is a Swift string"
println((str1 as NSString).length)    //---22---
```

또 주의해야 할 것은 그 메소드가 NSString에서 가능하더라도 일부 메소드는 특정 Swift 형인 인자가 필요하다는 것이다. 예를 들어, stringByReplacingCharacter sInRange() 메소드는 Range<String.Index>와 String 인스턴스를 두 인자로 받는다. 만약 이 메소드에 NSRange 인스턴스를 전달하면 오류가 발생할 것이다.

```
//---NSRange 인스턴스---
var nsRange = NSMakeRange(5, 2)

str1.stringByReplacingCharactersInRange(nsRange, withString: "was")
//---오류: 'NSRange' is not convertible to 'Range<String.Index>'---
```

대신에 Swift의 Range<String.Index> 인스턴스를 만들어 stringByReplacingCharactersInRange() 메소드에 사용해야 한다.

```
//---Range<String.Index> 인스턴스---
var swiftRange =
    advance(str1.startIndex, 5) ..< advance(str1.startIndex, 7)

str1 = str1.stringByReplacingCharactersInRange(
    swiftRange, withString: "was")
println(str1)     //---This was a Swift string---
```

> **참고** ..< 연산자는 반열림 범위(half-open range) 연산자로 알려져 있다. a ..< b와 같은 문법을 가지고 있다. a에서 시작하여 b를 제외한 그전까지의 범위의 값을 지정한다. 반열림 범위 연산자는 4장에서 좀 더 자세히 다루게 된다.

■ NSString을 직접 사용하기

문자열을 다루는 또 다른 방법은 명시적으로 변수를 NSString형으로 선언하는 것이다.

```
var str2:NSString = "This is a NSString in Objective-C. "
```

위 문장에서 str2는 이제 NSString 인스턴스가 될 것이다. 또한 이 문장은 다음과 같이 작성할 수도 있다.

```
var str2 = "This is a NSString in Objective-C. " as NSString
```

str2를 통해 모든 NSString 메소드를 호출할 수 있다.

```
println(str2.length)                        //---35---
println(str2.containsString("NSString"))    //---true---
println(str2.hasPrefix("This"))             //---true---
println(str2.hasSuffix(". "))               //---true---
println(str2.uppercaseString)    //---THIS IS A NSSTRING IN
                                          OBJECTIVE-C.---
println(str2.lowercaseString)    //---this is a nsstring in
                                          objective-c.---
println(str2.capitalizedString) //---This Is A Nsstring In
                                          Objective-C---

println(str2.stringByAppendingString("Yeah!"))
//---This is a NSString in Objective-C. Yeah!---

println(str2.stringByAppendingFormat("This is a number: %d", 123))
//---This is a NSString in Objective-C. This is a number: 123---
```

또한 NSRange 인스턴스를 만들어 stringByReplacingCharactersInRange()
메소드에 직접 사용할 수도 있다.

```
var range = str2.rangeOfString("Objective-C")
if range.location != NSNotFound {
    println("Index is ₩(range.location) length is ₩(range.length)")
    //---Index is 22 length is 11---
    str2 = str2.stringByReplacingCharactersInRange(
    range, withString: "Swift")
    println(str2) //---This is a NSString in Swift.---
}
```

NSString의 rangeOfString() 메소드를 사용하는 다른 예는 문자열 안에서 지정
문자열이 발견된 인덱스를 찾는 것이다.

```
var path:NSString = "/Users/wei-menglee/Desktop"

//---마지막 /의 인덱스를 찾는다---
range = path.rangeOfString("/",
    options:NSStringCompareOptions.BackwardsSearch)

if range.location != NSNotFound {
```

```
        println("Index is ₩(range.location)")  //---18---
    }
```

■ String이냐 NSString이냐?

지금까지 Swift에서 문자열을 다루는 두 가지 방식에 대해 알아보았다. 그럼 어느 것을 사용해야 될까?

경험으로 보아 Swift에서는 가능한 경우에는 언제나 String형을 사용하는 것이 낫다. Swift 언어는 대다수 경우에 String형의 사용에 최적화되어 있다. NSString형을 원하는 메소드에 String형을 전달할 수 있다.

2바이트나 3바이트를 차지하는 **이모티콘**이나 한자와 같은 특수 문자를 다룬다면 항상 Swift의 기본 String형을 사용하는 것이 낫다. 예를 들어, 다음 문장을 생각해보자.

```
    let bouquet = "₩u{1F490}"
```

위 문장에서 bouquet는 단일 이모티콘(꽃다발 그림)을 가진다. 이 문자는 2바이트를 차지한다. 이 문자열 안에 포함된 문자의 수를 얻으려면 count() 메소드를 사용해야 올바른 값을 얻을 수 있다.

```
    println(countElements("₩(bouquet)"))     //---1---
```

하지만 NSString의 length 프로퍼티를 사용한다면 문자열 안에 포함된 문자의 수 대신에 차지하고 있는 크기를 반환한다.

```
    println((bouquet as NSString).length)   //---2---
```

이 장 초반의 예제 중에서도 마찬가지로, 결합 저음 악센트 부호를 문자열에 덧붙인다면 count Elements() 메소드는 올바른 문자 수를 반환하고 length 프로퍼티는 그렇지 않을 것이다.

```
    var s6 = "voila" + "₩u{300}"          //--- voila + `---
    println(countElements(s6))            //---5---
    println((s6 as NSString).length)      //---6---
```

또한 기본 String형을 사용하면 Swift에 도입된 다양한 문자열 기능(+ 연산자를 이용한 문자열 연결과 For-In 루프를 사용한 문자 반복 등)을 사용할 수 있게 해준다. 변수를 명시적으로 NSString으로 선언하고 나면 이 모든 기능들이 사라진다. 예를 들어, NSString형은 + 연산자를 사용하여 문자열을 연결할 수 없다.

```
var s:NSString = "Swift"
s += " Programming"    //---허용되지 않음---
```

For-In 루프를 사용하여 NSString 내부를 반복할 수도 없다.

```
var s:NSString = "Swift"
for c in s {
    println(c)
}
```

두 방식을 사용하는 최선의 방법은 항상 기본 String 인스턴스를 만들고 나서, NSString의 메소드를 호출해야 할 때마다 NSString으로 형 변환하는 것이다.

> **참고** 기본 String형을 사용해야 하는 또 다른 이유가 있다. Swift가 만약 언젠가 애플 플랫폼이 아닌 곳에 이식된다면 Foundation 프레임워크는 사용할 수 없을지도 모른다. 따라서 그때는 NSString 메소드에 의존적인 코드는 문제가 발생할 것이다

요약

이 장에서는 Swift의 String형에 대해 배우고 대다수 Objective-C 개발자가 익숙한 NSString 클래스와 상호 연동하는 법에 대해서도 배웠다. 이미 Objective-C에서 익숙해져 버린 다양한 문자열 라이브러리를 사용하고 싶겠지만 코드의 미래를 위해서 Swift의 다양한 String 메소드에 익숙해지는 것이 더 좋은 생각이다. 또한 Swift 언어는 진화하고 있고 애플이 Swift의 채용을 늘려가기 때문에 더 많은 개선 사항을 보게 될 것이다.

1. 다음 주어진 문장에서 str1 문자열 안의 "q" 문자 위치를 찾아내는 코드를 작성한다.

```
var str1 = "The quick brown fox jumps over the lazy dog"
```

2. 다음 코드는 컴파일러에 오류가 발생한다. 이를 해결해보자.

```
var amount = "1200"
var rate = "1.27"
var result = amount * rate
```

3. 다음 주어진 변수를 주석과 같이 출력하도록 코드를 완성해보자.

```
var lat = 40.765819
var lng = -73.975866
println("<여기를 채운다>")
// Lat/Lng is (40.765819, -73.975866)
```

• 이 장에서 배운 것

주제	핵심 개념
문자열 표현	`String`이나 `NSString`형을 사용하여 문자열을 나타낼 수 있다.
문자열의 가변성	`let` 키워드를 사용하여 만든 문자열은 변경할 수 없다 (immutable). `var` 키워드를 사용하여 만든 문자열은 변경할 수 있다 (mutable).
문자열 값 타입	Swift에서 문자열은 값 타입으로 나타낸다. 문자열이 다른 변수/상수에 할당될 때 사본이 만들어진다.
문자 표현	`Character`형을 사용하여 문자를 나타낼 수 있다.
문자열 연결	문자열은 간편하게 +나 += 연산자로 연결할 수 있다.
유니코드	Swift에서 `String`형은 유니코드 문자를 표현할 수 있다.
문자열 동일성	== 나 != 연산자를 사용하여 두 문자열이 같은지 검사할 수 있다.
문자열의 길이	문자열의 길이를 얻기 위해 `NSString`으로 형 변환하여 `length` 프로퍼티를 사용하거나 Swift의 `count()` 함수를 사용할 수 있다.
문자열을 배열로 변환	문자열을 다루는 다른 방법은 배열로 변환하는 것이다.
문자열을 숫자로 변환	문자열을 정수로 변환하려면 `toInt()` 메소드를 사용한다. 문자열을 double로 변환하려면 먼저 문자열을 `NSString`으로 형 변환하고 `doubleValue` 프로퍼티를 사용한다.
`String`을 `NSString`으로 변환	`as` 키워드를 사용하여 `String`을 `NSString`으로 형 변환할 수 있다.

04

기본 연산자

이 장에서 배울 내용

» 대입 연산자를 사용하여 변수와 상수에 값을 할당
하는 법

» 산술 연산자를 사용하여 산술 연산을 실행하는 법

» 증가/감소 연산자를 사용하여 변수를 1씩 증가시키
거나 감소시키는 법

» 복합 대입 연산자를 사용하여 변수를 증가시키거나
감소시키는 법

» 옵셔널 타입을 다룰 때 nil 결합 연산자를 사용하는 법

» 비교 연산자를 사용하여 비교하는 법

» 범위 연산자를 사용하여 범위를 지정하는 법

» 논리 연산자를 사용하여 논리 연산을 실행하는 법

이전 두 장에서는 Swift의 다양한 자료형에 관한 내용과 Swift가 문자열과 문자를 어떻게 처리
하는지 배웠다. 이 장에서는 Swift에서 사용 가능한 다양한 연산자에 관해 배울 것이다. 연산
자는 다양한 자료형과 함께 논리적 판단, 산술 계산, 값 변경 등을 수행할 수 있도록 작동한다.
Swift는 다음과 같은 종류의 연산자를 제공한다.

- 대입 연산자

- 산술 연산자

- 비교 연산자

- 범위 연산자

- 논리 연산자

대입 연산자

대입 연산자(=)는 변수나 상수에 값을 설정한다. Swift에서는 다음과 같이 값을 상수명에 할당하여 상수를 만들 수 있다.

```
let companyName = "Developer Learning Solutions"
let factor = 5
```

또한 대입 연산자를 사용하여 변수를 만들 수도 있다.

```
var customerName1 = "Richard"
```

변수나 상수에 값을 할당하는 것 외에 또 다른 변수나 상수를 할당할 수도 있다.

```
var customerName2 = customerName1
```

또한 변수나 상수에 직접 튜플을 할당할 수 있다.

```
let pt1 = (3,4)
```

참고 튜플은 2장에서 자세히 다뤘다.

대입 연산자를 사용해 튜플 안의 값을 여러 변수나 상수로 가져올 수 있다.

```
let (x,y) = (5,6)
println(x) //---5---
println(y) //---6---
```

Swift의 대입 연산자는 Objective-C와 달리 값을 반환하지 못한다. 그러므로 이처럼 뭔가를 할 수 없다.

```
//---오류---
if num = 5 {
    ...
}
```

이는 같은지 비교하는 대신에 대입 연산을 수행하는 프로그래머의 실수를 막는 좋은 기능이다.

산술 연산자

Swift는 네 가지 표준 산술 연산자를 제공한다.

- 덧셈 (+)
- 뺄셈 (−)
- 곱셈 (*)
- 나눗셈 (/)

Swift는 모든 산술 연산에서 같은 자료형의 피연산자가 필요하다. 이것은 명시적인 형 반환을 요구하여 타입 안정성을 적용한다. 다음 문장을 살펴보자.

```
var a = 9    //---Int---
var b = 4.1  //---Double---
```

형 추론에 의해서 a는 Int이고 b는 Double이다. 이들은 서로 다른 형이기 때문에 다음 연산은 허용되지 않는다.

```
println(a * b)  //---오류---
println(a / b)  //---오류---
println(a + b)  //---오류---
println(a - b)  //---오류---
```

산술 연산을 수행하기 전에 그 변수들이 서로 같은 형이 되도록 변환해야 한다.

■ 덧셈 연산자

덧셈 연산자(+)는 두 숫자를 더한다. 숫자 값을 더할 때 주의해야 할 중요한 사항이 있다. 먼저 정수 덧셈은 간단하다.

```
println(5 + 6)        //---정수 덧셈 (11)---
```

정수에 double을 더하면 그 결과는 double이다.

```
println(5.1 + 6)      //---double 덧셈 (11.1)---
```

두 double을 더하면 그 결과는 double이다.

```
println(5.1 + 6.2)     //---double 덧셈 (11.3)---
```

덧셈 연산자는 숫자 더하기 이외에 두 문자열을 연결하는 데에도 사용할 수 있다.

```
//---문자열 연결 (Hello, World)---
println("Hello, " + "World")
```

덧셈 연산자는 **단항 플러스 연산자**(피연산자 하나로 동작한다)로도 사용할 수 있다.

```
var num1 = 8
var anotherNum1 = +num1    //---anotherNum1는 8이다---

var num2 = -9
var anotherNum2 = +num2    //---anotherNum2는 -9이다---
```

덧셈 연산자를 단항 플러스 연산자로 사용하는 것은 불필요하다. 값이나 숫자의 부호를 바꾸지 않는다. 하지만 코드의 가독성을 높이는 데는 유용하다.

■ 뺄셈 연산자

뺄셈 연산자(-)는 한 숫자에서 다른 숫자를 빼준다. 덧셈 연산자처럼 다른 형의 두 숫자를 뺄 때는 그 동작에 주의해야 한다.

다음은 정수 간의 뺄셈이다.

```
println(7 - 8)       //---정수 뺄셈 (-1)---
```

double에서 정수를 빼면 그 결과는 double이다.

```
println(9.1 - 5)      //---double 뺄셈 (4.1)---
```

정수에서 double을 빼도 그 결과는 double이다..

```
println(9 - 4.1)      //---double 뺄셈 (4.9)---
```

뺄셈 연산자도 덧셈 연산자와 마찬가지로 음수를 나타내는 단항 연산자로 사용할 수 있다.

```
println(-25)                    //---음수---
```

변수의 값을 부정하는 데도 사용할 수 있다.

```
var positiveNum = 5
var negativeNum = -positiveNum  //---이제 negativeNum는 -5이다---
positiveNum = -negativeNum      //---이제 positiveNum는 5이다---
```

■ 곱셈 연산자

곱셈 연산자(*)는 두 수를 곱한다. 덧셈과 뺄셈 연산자와 마찬가지로 다른 형의 수를 곱할 때는 다음과 같이 다른 형의 결과가 생긴다.

두 정수를 곱하면 정수 값이 생긴다.

```
println(3 * 4)          //---정수 곱셈 (12)---
```

또한 double과 정수 값을 곱하면 double 값이 생긴다.

```
println(3.1 * 4)        //---double 곱셈 (12.4)---
```

두 double 값을 곱하면 역시 double 값을 얻는다.

```
println(3.1 * 4.0)      //---double 곱셈 (12.4)---
```

■ 나눗셈 연산자

나눗셈 연산자(/)는 한 숫자를 다른 수로 나눈다. 정수를 다른 정수로 나누면 정수부만 결과로 반환한다.

```
println(5 / 6)          //---정수 나눗셈 (0)---
println(6 / 5)          //---정수 나눗셈 (1)---
```

double을 정수로 나누면 double을 반환한다.

```
println(6.1 / 5)        //---double 나눗셈 (1.22)---
println(9.99 / 5)       //---double 나눗셈 (1.998)---
```

double을 double로 나누면 double을 반환한다.

```
println(6.1 / 5.5)      //---double 나눗셈 (1.10909090909091)---
```

■ 나머지 연산자

나머지 연산자(%)는 나눗셈의 나머지를 반환한다. 예를 들어, 5를 3으로 나누면 나머지는 2이다. 다음은 % 연산자의 동작을 보여준다.

```
println(8 % 9)          //---나머지 (8)---
println(9 % 8)          //---나머지 (1)---
println(9 % 9)          //---나머지 (0)---
```

또한 나머지 연산자는 음수에도 동작한다.

```
println(-5 % 3)         //---나머지 (-2)---
```

두 번째 피연산자가 음수이면 그 음수 값은 항상 무시된다. 즉, 양수로 처리된다.

```
//---두 번째 수가 음수 값이면 항상 무시된다---
println(-5 % -3)        //---나머지 (-2)---
```

나머지 연산자는 double 값에도 동작한다.

```
println(5 % 3.5)        //---나머지 (1.5)---
println(5.9 % 3.5)      //---나머지 (2.4)---
```

■ 증가/감소 연산자

프로그래밍에서 변수의 값에 1을 더하거나 빼는 것은 매우 흔한 작업이기 때문에, Swfit는 이러한 연산의 단축형으로 증가(++)와 감소(--) 연산자를 제공한다. 예를 들어, 일반적으로 변수의 값을 1 증가시키려면 이처럼 할 것이다.

```
var i = 5
i = i + 1              //---i는 6이다---
```

하지만 증가 연산자를 사용하면 이전 코드를 다음과 같이 작성할 수 있다.

```
var i = 5
++i                    //---i는 6이다---
```

증가 연산자와 감소 연산자 둘 다 전위나 후위 연산자로 사용할 수 있다. 먼저 증가 연산자를 살펴보도록 하자.

```
i= 5
++i   //---이제 i는 6이다---
i++   //---이제 i는 7이다---
```

위 예제에서 i의 초기 값은 5이다. ++를 전위 연산자(즉, ++i)나 후위 연산자(즉, i++)로 사용해도 그 결과는 차이가 없다. 둘 다 i의 값이 1씩 증가하였다. 하지만 할당문에서 증가 연산자나 감소 연산자를 사용하면 전위와 후위 연산자 간의 미묘한 차이를 감지할 수 있을 것이다. 다음 예제는 이를 보다 명확하게 해준다.

```
i=5
var j = i++      //---이제 j는 5이고, i는 6이다---
println(i)       //---6---
println(j)       //---5---
```

위 예제에서 ++을 후위 연산자로 사용하면, i의 초기 값(현재는 5)을 가져와 j에 할당하고 그 다음에 i의 값이 1 증가한다(증가 이후의 값은 6이다).

그럼 ++를 전위 연산자로 사용하면 어떨까? 다음 예제를 생각해보자.

```
i=5
j = ++i          //---이제 i와 j는 모두 6이다---
println(i)       //---6---
println(j)       //---6---
```

여기서 ++를 전위 연산자로 사용하면, 즉시 i의 값이 1 증가한다 (6이 된다). 그러고서 i의 값은 j로 할당된다 (현재 값은 6이다).

다음 코드가 보여주는 것처럼 -- 연산자에도 전위와 후위 연산자가 동일하게 적용된다.

```
i =5
j = i--              //---이제 j는 5이고, i는 4이다---
println(i)           //---4---
println(j)           //---5---

i =5
j = --i              //---이제 i와 j 모두 4이다---
println(i)           //---4---
println(j)           //---4---
```

■ 복합 대입 연산자

복합 대입 연산자는 대입 연산자(=)를 다른 연산자와 결합한다.

```
var salary = 2000
salary = salary + 1200   //---이제 salary는 32000이다---
```

위 예제에서는 salary의 값에 1200이 더해진다. 이 문장을 += 복합 대입 연산자를 사용하여 다시 작성할 수 있다.

```
salary += 1200   //---이제 salary는 32000이다---
```

다음은 복합 대입 연산자의 사용 예를 일부 보여준다.

```
var speed = 80
speed -= 15            //---이제 speed는 650이다---

var size = 2
size *= 3              //---이제 size는 60이다---

var width = 100
width /= 2             //---이제 width는 500이다---
```

■ Nil 결합 연산자

다음 옵셔널 변수를 살펴보자.

```
    var gender:String?
```

gender 변수는 String 값을 가지거나 nil 값을 가질 수 있는 옵셔널 변수이다. gender의 값을 다른 변수에 할당하는 것을 가정해보자. gender가 nil이면 기본값을 변수에 할당한다. 코드는 이와 비슷할 것이다.

```
  var genderOfCustomer:String

      if gender == nil {
          genderOfCustomer = "male"
      } else {
          genderOfCustomer = gender!
      }
```

gender가 nil인지 확인한다. nil이면 기본값인 "male"을 genderOfCustomer에 할당한다. gender가 nil이 아니면 gender의 값을 genderOfCustomer에 할당한다.

Swift는 *a* ?? *b* 라는 문법을 가진 새로운 **nil 결합 연산자**를 내놓았다. 이것은 "옵셔널 a의 값을 꺼내와서 nil이 아니면 그 값을 반환하고 nil이면 b를 반환한다"를 의미한다.

위 코드는 nil 결합 연산자를 사용하여 한 문장으로 다시 작성할 수 있다.

```
      var gender:String?
      var genderOfCustomer = gender ?? "male"  //---male---
```

genderOfCustomer는 gender가 nil이기 때문에 male이 할당된다.

이제 gender에 값을 할당하고 위 문장을 다시 실행하면 gender는 female이 될 것이다.

```
      var gender:String? = "female"
      var genderOfCustomer = gender ?? "male" //---female---
```

비교 연산자

Swift는 대다수 프로그래밍 언어에서 가용한 표준 비교 연산자를 제공한다.

- 같다 (==)

- 같지 않다 (!=)

- 보다 작다 (<)

- 보다 작거나 같다 (<=)

- 보다 크다 (>)

- 보다 크거나 같다 (>=)

■ 같다와 같지 않다

두 변수의 동일성을 검사하기 위해 **같음** (==) 연산자를 사용할 수 있다. == 연산자는
문자열과 숫자에 동작한다. 다음 예제를 살펴보자.

```
var n = 6
if n % 2 == 1 {
    println("Odd number")
} else {
    println("Even number")
}
```

위 코드는 숫자를 2로 나눈 나머지가 1과 같은지 검사한다. 만약 같으면 홀수이고 그렇
지 않으면 짝수이다.

다음 예제는 문자열 값을 비교하는 == 연산자를 보여준다.

```
var status = "ready"
if status == "ready" {
    println("Machine is ready")
} else {
    println("Machine is not ready")
}
```

== 연산자 이외에도 **같지 않음** (!=) 연산자도 사용할 수 있다. 다음 코드는 이전 예제
를 != 연산자로 다시 작성한 것을 보여준다.

```
var n = 6
if n % 2 != 1 {
    println("Even number")
} else {
    println("Odd number")
}
```

!= 연산자도 마찬가지로 문자열 비교를 할 수 있다.

```
var status = "ready"
if status != "ready" {
    println("Machine is not ready")
} else {
    println("Machine is ready")
}
```

또한 ==와 != 연산자는 Character형에 사용할 수 있다.

```
let char1:Character = "A"
let char2:Character = "B"
let char3:Character = "B"
println(char1 == char2) //---false---
println(char2 == char3) //---true---
println(char1 != char2) //---true---
println(char2 != char3) //---false---
```

> **참고**   클래스의 인스턴스를 비교할 때는 식별 연산자(===와 !==)를 사용해야 한다. 식별 연산자는 8장에서 다룬다.

■ 보다 크거나 같다

한 숫자가 다른 숫자보다 큰지 확인하기 위해 **보다 큼** (>) 연산자를 사용한다.

```
println(5 > 5) //---false---
println(5 > 6) //---false---
println(6 > 5) //---true---
```

또한 **보다 크거나 같음** (>=) 연산자를 사용할 수 있다.

```
println(7 >= 7) //---true---
println(7 >= 8) //---false---
println(9 >= 8) //---true---
```

> **참고** >와 >= 연산자는 String형에 사용할 수 없다.

■ 보다 작거나 같다

한 숫자가 다른 숫자보다 작은지 확인하기 위해 **보다 작음** (<) 연산자를 사용한다.

```
println(4 < 4) //---false---
println(4 < 5) //---true---
println(5 < 4) //---false---
```

또한 **보다 작거나 같음** (<=) 연산자를 사용할 수 있다.

```
println(8 <= 8) //---true---
println(9 <= 8) //---false---
println(7 <= 8) //---true---
```

< 연산자는 문자열에도 사용할 수 있다.

```
println("abc" < "ABC") //---false---
println("123a" < "123b") //---true---
```

> **참고** <= 연산자는 String형에 사용할 수 없다.

범위 연산자

Swift는 값의 범위를 지정하는 범위 연산자를 두 가지 제공한다.

- **닫힘 범위 연산자 (a...b)** — a부터 b까지(포함)의 범위를 지정한다.
- **반 열림 범위 연산자 (a..<b)** — a부터 b까지의 범위를 지정한다. 그러나 b는 포함하지 않는다.

범위 연산자의 작동을 보여주기 위해 다음 예제를 살펴보자.

```
//---5에서 9까지 출력한다---
for num in 5...9 {
    println(num)
}
```

위 코드는 5부터 9까지의 모든 수를 출력하기 위해 닫힘 범위 연산자를 사용한다.

```
5
6
7
8
9
```

5에서 8까지의 수를 출력하기 위해서는 반 열림 범위 연산자를 사용할 수 있다.

```
//---5에서 8까지 출력한다---
for num in 5..<9 {
    println(num)
}
```

위 코드는 5에서 8까지를 출력한다.

```
5
6
7
8
```

특히 반 열림 범위 연산자는 배열과 같이 0을 기준으로 한 목록을 다룰 때 유용하다. 다음 코드는 좋은 예 중 하나이다.

```
//---배열과 같은 0 기준 목록에 유용---
var fruits = ["apple","orange","pineapple","durian","rambutan"]
for n in 0..<fruits.count {
```

```
        println(fruits[n])
    }
```

위 코드는 다음을 출력한다.

```
apple
orange
pineapple
durian
rambutan
```

논리 연산자

Swift는 대다수 프로그래밍 언어와 마찬가지로 세 가지 논리 연산자를 제공한다.

- 논리 NOT (!)
- 논리 AND (&&)
- 논리 OR (||)

■ NOT

논리 NOT (!) 연산자는 true는 false로 false는 true가 되도록 Bool 값을 반전한다.

다음 표는 NOT 연산자를 값에 사용하면 어떻게 변하는지 보여준다.

a	!a
true	false
false	true

다음 문장을 살펴보자.

```
var happy = true
```

변수 happy는 Bool형이고 값은 true이다. 논리 NOT 연산자를 사용하여 happy의 값을 반전한다.

```
happy = !happy
```

이제 happy의 값은 false이다. 또한 다음과 같이 if 문에 논리 NOT 연산자를 사용할 수 있다.

```
if !happy {
    println("Cheer up man!")
}
```

위 문장은 "행복하지 않으면(if NOT happy) 그 다음 줄을 출력한다…"라고 읽는다. NOT 연산자는 happy의 값이 false이기 때문에 그 값을 반전시켜 if 문을 충족하는 true 값을 반환한다. 따라서 그 다음 줄이 출력된다.

이 예제에서 볼 수 있듯이 변수에 적절한 이름을 사용하면 코드의 가독성을 꽤 높일 수 있다.

■ AND

논리 AND 연산자는 a와 b가 둘 다 true일 때 true로 평가하는 논리식(a && b)을 만든다.

다음 표는 AND 연산자를 두 값에 사용하였을 때 결과가 어떻게 되는지 보여준다. 표에서 볼 수 있듯이 a와 b가 둘 다 true이면 그 식은 true가 된다.

a	b	a && b
true	true	true
true	false	false
false	true	false
false	false	false

다음 예제를 살펴보자.

```
var happy = true
var raining = false

if happy && !raining {
    println("Let's go for a picnic!")
}
```

위 예제에서 "Let's go for a picnic!"은 행복하고 비가 오지 않는 경우에만 출력될 것이다.

Swift에서는 괄호 쌍을 사용하여 식을 감싸는 것은 필요치 않다(Objective-C는 필요하다). 그러나 가독성을 위해 괄호를 항상 추가할 수 있다.

```
if (happy && !raining) {
    println("Let's go for a picnic!")
}
```

Swift는 AND 식을 평가할 때 **단축 평가**(short-circuit evaluation)를 제공한다. 논리 AND 연산은 두 값이 다 true여야 하기 때문에 첫 번째 값이 false이면 두 번째 값은 평가하지 않는다.

■ OR

논리 OR 연산자는 a나 b 중 어느 것이든 true이면 true로 평가하는 논리식(a || b)을 만든다.

다음 표는 OR 연산자를 두 값에 사용하였을 때 결과가 어떻게 되는지 보여준다. 표에서 볼 수 있듯이 a나 b 둘 중 하나가 true이면 그 식은 true이다.

a	b	a || b
true	true	true
true	false	true
false	true	true
false	false	false

다음 예제를 살펴보자.

```
var age = 131
if age > 130 || age < 1 {
    println("Age is out of range")
}
```

위 예제에서 "Age is out of range"는 age가 130보다 크거나 1보다 작으면 출력된다. 이 경우는 age가 131이므로 출력된다.

■ 복합 논리 연산자

논리 연산자는 두 피연산자를 대상으로 하지만 다음 예제처럼 단일 식에서 논리 연산 자들을 결합하는 것도 일반적이다.

```
var condition1 = false
var condition2 = true
var condition3 = true

if condition1 && condition2 || condition3 {
    println("Do something")
}
```

이 예제에서는 첫 번째 조건이 먼저 평가된다.

condition1 (false) **&& condition2** (true)

그 평가 결과(false)를 가져와서 다음 피연산자와 평가한다.

false || **condition3** (true)

이 식의 결과는 true이며 "Do something"을 출력한다.

하지만 때때로 식을 왼쪽에서 오른쪽으로 평가하지 않아야 할 때도 있을 것이다. 다음 예제를 살펴보자.

```
var happy = false
var skyIsClear = true
var weatherIsGood = true
```

기분이 행복하고 하늘이 맑거나 날씨가 좋으면 외출한다고 가정해보자. 이 경우에는 다음과 같은 표현식을 쓸 수 있을 것이다.

```
if happy && (skyIsClear || weatherIsGood) {
    println("Let's go out!")
}
```

표현식의 괄호에 주목한다.

```
(skyIsClear || weatherIsGood)
```

이 식은 먼저 평가되어야 한다. 이 예제에서 평가 결과는 true이다. 다음은 이 결과를 첫 번째 피연산자와 평가한다.

happy (false) **&&** true

최종 식 평가 결과는 false이기에 오늘은 외출하지 않는다는 것을 의미한다.

다음 예제는 괄호를 사용하지 않는다.

```
happy && skyIsClear || weatherIsGood
```

따라서 위 식은 다른 결과를 가져온다.

```
happy (false) && skyIsClear (true) = false
false || weatherIsGood (true) = true
```

경험에 비추어 볼 때, 먼저 평가하기 위해 괄호를 사용하여 관련 있는 조건을 함께 묶는다. 때때로 과분하더라도 괄호는 코드의 가독성을 위해 필요하다.

■ 삼항 조건 연산자

다음과 같이 간단한 문장을 작성하기 위해 If-Else 문을 매우 자주 사용할 것이다.

```
var day = 5
var openingTime:Int

if day == 6 || day == 7 {
```

```
        openingTime = 12
} else {
        openingTime = 9
}
```

위 코드에서는 요일(day)을 기준으로 상점의 개점 시간(openingTime)을 알아 내려고 한다. 토요일(6)이나 일요일(7)의 개점 시간은 낮 12시이다. 반면 평일에는 오전 9시이다. 다음에 보이는 것처럼 **삼항 조건 연산자**를 사용하여 이러한 내용을 짧게 줄일수 있다.

```
openingTime = (day == 6 || day == 7) ? 12 : 9
```

삼항 조건 연산자는 다음 문법을 가진다.

```
variable = condition ? value_if_true : value_if_false
```

먼저 condition을 평가한다. condition이 true로 평가되면 value_if_true가 변수에 할당된다. 그렇지 않으면 value_if_false가 변수에 할당된다.

요약

이 장에서는 Swift에서 제공하는 많은 연산자들을 살펴보았다. 논리, 비교, 산술 연산자 등은 다른 언어에서도 표준인 반면에 nil 결합 연산자와 범위 연산자와 같이 Swift에서 새로 등장한 연산자도 있다. 상수 값을 산술 연산에 사용할 때 자료형에 주의해야한다. 또 서로 다른 자료형을 함께 산술 연산에 사용하면 그 결과의 자료형도 확인해야한다.

1. 다음 코드의 출력 결과를 작성하라.

```
var num = 5
var sum = ++num + num++

println(num)
println(sum)
```

2. 주어진 다음 숫자 배열에서 반열림 범위 연산자를 사용하여 모든 홀수를 더하는 코드를 작성한다.

```
var nums = [3,4,2,1,5,7,9,8]
```

3. 다음 코드를 nil 결합 연산자를 사용하여 다시 작성한다.

```
var userInput = "5"
var num = userInput.toInt()
var value:Int
if num == nil {
    value = 0
} else {
    value = num!
}
```

• 이 장에서 배운 것

주제	핵심 개념
대입 연산자	= 연산자를 사용한다.
산술 연산자	+, -, *, / 연산자를 사용한다.
나머지 연산	% 연산자를 사용한다.
증가/감소 연산	++와 --- 연산자를 사용한다.
복합 대입 연산자	+=, -=, *=, /= 연산자를 사용한다.
Nil 결합 연산자	var c = a ?? b
비교 연산자	==, !=, <, <=, >, >= 연산자를 사용한다
범위 연산자	닫힘 범위 연산자(a...b)를 사용하거나 반열림 범위 연산자 (a..<b)를 사용한다.
논리 연산자	!, &&, || 연산자를 사용한다.
삼항 조건 연산자	variable = condition ? value_if_true : value_if_false

05

함수

이 장에서 배울 내용

» 함수를 정의하고 호출하는 법

» 입력 매개 변수를 정의하는 법

» 함수에서 단일 값이나 복수 값을 반환하는 법

» 외부 매개 변수명을 정의하는 법

» 기본 매개 변수 값을 정의하는 법

» 가변 매개 변수를 정의하는 법

» 상수와 변수 매개 변수를 정의하는 법

» in-out 매개 변수를 정의하는 법

» 함수 타입 변수를 정의하고 호출하는 법

» 함수에서 함수 타입을 반환하는 법

» 중첩 함수를 정의하는 법

함수는 특정 작업들을 수행하는 문들의 그룹이다. 예를 들어, 어떤 함수는 종업원의 성과 등급, 근속연수 등과 같은 몇몇의 매개 변수를 기반으로 종업원의 보너스를 계산할 수 있다. 또한 종업원이 받을 보너스 금액 등과 같은 값을 반환할 수 있다. Swift에서 함수는 이름을 가지며 매개 변수를 받을 수 있고 선택적으로 값(또는 값 집합)을 반환할 수 있다. Swift에서 함수는 전통적인 C 함수와 유사하게 작동한다. 또한 Objective-C 메소드의 장황함을 반영하여 외부 매개 변수명과 같은 기능을 제공한다.

함수 호출과 정의

Swift에서 함수는 이처럼 func 키워드로 정의한다.

```
func doSomething() {
    println("doSomething")
}
```

위 코드는 doSomething이라는 함수를 정의한다. 아무런 입력(매개 변수)을 받지 않고 값을 반환하지도 않는다(엄밀히 말하면 Void 값을 반환한다).

함수를 호출하기 위해서는 함수의 이름과 빈 괄호를 함께 부른다.

```
doSomething()
```

■ 입력 매개 변수

함수는 선택적으로 하나 이상의 이름을 가진 입력 매개 변수를 정의할 수 있다. 다음 함수는 **단일 타입 입력 매개 변수**를 받는다.

```
func doSomething(num: Int) {
    println(num)
}
```

num 매개 변수는 함수 안에서 내부적으로 사용되고 그 자료형은 Int이다. 이 함수를 호출하기 위해서는 이처럼 함수명과 정수 값(인자)을 같이 전달한다.

```
doSomething(5)
//---or---
var num = 5
doSomething(num)
```

다음 함수는 두 개의 Int형 입력 매개 변수를 받는다.

```
func doSomething(num1: Int, num2: Int) {
    println(num1, num2)
}
```

이 함수를 호출하기 위해서는 두 정수 값을 인자로 전달한다.

```
doSomething(5, 6)
```

■ 값 반환하기

함수에서 필수적으로 값을 반환해야 하는 것은 아니다. 하지만 함수가 값을 반환하도록 한다면 함수 선언 뒤에 -> 연산자를 사용한다. 다음 함수는 정수 값을 반환한다.

```
func doSomething(num1: Int, num2: Int, num3: Int) -> Int {
    return num1 + num2 + num3
}
```

함수에서 값을 반환하려면 return 키워드를 사용하고 함수를 끝내면 된다. 함수가 값을 반환할 때 이처럼 그 값을 변수나 상수에 할당할 수 있다.

```
//---함수가 반환한 값을 변수에 할당한다---
var sum = doSomething(5,6,7)
```

함수에서 반환한 값을 무시할 수도 있다.

```
//---함수에서 반환한 값을 무시한다---
doSomething(5,6,7)
```

■ 복수의 값 반환하기

함수는 단일 값을 반환하는 것에는 별다른 제한이 없다. 어떤 경우에는 여러 값들을 반환하는 것이 필요할 수 있다. Swift에서는 복수의 값을 반환하기 위해 함수에 튜플 타입을 사용할 수 있다. 다음 예제는 숫자를 포함한 문자열을 입력 받아 문자열 안의 각 문자를 검사하여 그 안에 포함된 홀수와 짝수의 수를 계산하는 함수를 보여준다.

```
func countNumbers(string: String) -> (odd:Int, even:Int) {
    var odd = 0, even = 0
    for char in string {
        let digit = String(char).toInt()
        if (digit != nil) {
            (digit!) % 2 == 0 ? even++ : odd++
        }
    }
    return (odd, even)
}
```

(odd:Int, even:Int) 반환 타입은 함수에 의해 반환될 튜플의 멤버를 명시한다. Int형의 odd와 Int형의 even이다.

이 함수를 사용하려면 이처럼 문자열을 전달하고 그 결과를 변수나 상수에 할당한다.

```
var result = countNumbers("123456789")
```

반환 결과는 odd와 even이라는 이름의 두 정수 멤버를 가진 튜플로 저장된다.

```
println("Odd: ₩(result.odd)")     //---5---
println("Even: ₩(result.even)")   //---4---
```

> **참고** ! 문자의 사용은 옵셔널 타입의 강제 언랩핑이다. 옵셔널의 개념에 대한 자세한 내용
> 은 2장 "자료형"을 참조한다.

■ 함수 매개 변수명

이전 절에서는 이름있는 매개 변수를 가진 함수에 대해 논의하였다. 이전에 보았던 이러한 함수의 예를 살펴보자.

```
func doSomething(num1: Int, num2: Int) {
    println(num1, num2)
}
```

이 예제에서 num1과 num2는 함수를 위한 매개 변수명이고 함수 안에서 내부적으로만 사용될 수 있다. 이들을 **지역 매개 변수명**이라고 부른다.

이 함수를 호출할 때 두 매개 변수명은 전혀 사용되지 않았다.

```
doSomething(5, 6)
```

복수의 매개 변수를 가진 복잡한 함수에서는 각 매개 변수의 사용이 종종 명확하지 않을 수 있다. 그러므로 함수에 인자를 전달할 때 매개 변수에 이름을 붙이는 것이 가능하다면 유용할 것이다. Swift에서는 함수의 개별 매개 변수에 **외부 매개 변수명**을 할당할 수 있다. 다음 예제를 생각해보자.

```
func doSomething(num1: Int, secondNum num2: Int) {

}
```

이 예제에서 두 번째 매개 변수에는 secondNum이라는 외부 매개 변수명이 앞에 붙어 있다. 이제 이 함수를 호출하려면 다음처럼 외부 매개 변수명을 명시해야 한다.

```
doSomething(5, secondNum:6)
```

> **참고** 클래스 안에 함수를 정의하면(8장에서 더 자세히 다룬다), 두 번째 매개 변수 앞에 자동으로 외부 매개 변수명이 생긴다. 다시 말해서, 함수 선언에서(두 번째 매개 변수 앞에) 매개 변수의 외부 매개 변수명을 명시적으로 지정할 필요 없다.

또한 다음과 같이 첫 번째 매개 변수의 외부 매개 변수명을 지정할 수 있다.

```
func doSomething(firstNum num1: Int, secondNum num2: Int) {

}
```

이 경우에는 두 매개 변수의 외부 매개 변수명을 지정해야 한다.

```
doSomething(firstNum:5, secondNum:6)
```

그림 5-1은 외부 매개 변수명과 지역 매개 변수명의 차이를 보여준다.

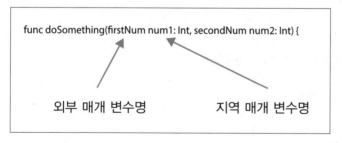

그림 5-1

외부 매개 변수명은 서술적인 함수 이름을 만드는 데 매우 유용하다. 외부 매개 변수명을 사용하여 함수를 호출하는 다음 예를 살펴보자.

```
calculateDistance(point1, fromSecondPoint:point2)
printName(strName, withTitle:"Dr.")
joinString(str1, withString2:str2 andString3:str3 usingSeparator:",")
```

■ 외부 매개 변수명 축약

때때로 지역 매개 변수명 자체가 외부 매개 변수명으로 사용되기에 서술적일 수 있다.
이전 예를 다시 살펴보자.

```
func doSomething(num1: Int, num2: Int) {
    println(num1, num2)
}
```

num1을 첫 번째 매개 변수의 외부 매개 변수명으로 사용하고 num2를 두 번째 외부 매
개 변수명으로 사용하려 한다고 가정해보자. 다음과 같이 코드를 작성할 수 있다.

```
func doSomething(num1 num1: Int, num2 num2: Int) {

}
```

매개 변수명을 두 번 반복하는 대신에 이처럼 축약형 #을 사용할 수 있다.

```
func doSomething(#num1: Int, #num2: Int) {

}
```

함수를 호출하려면 다음과 같이 외부 매개 변수명을 지정한다.

```
doSomething(num1:5, num2:6)
```

■ 기본 매개 변수 값

함수를 호출할 때 매개 변수가 선택적일 수 있도록 그 기본값을 할당할 수 있다. 세 개
의 매개 변수를 가진 다음 함수를 살펴보자.

```
func joinName(firstName:String,
              lastName:String,
```

```
                    joiner:String = " ") -> String {
        return "\(firstName)\(joiner)\(lastName)"
    }
```

세 번째 매개 변수는 하나의 공백문자를 기본값으로 가진다. 세 개의 인자로 이 함수를 호출할 때는 이와 같이 기본 매개 변수명을 지정해야 한다.

```
    var fullName = joinName("Wei-Meng", "Lee", joiner:",")
    println(fullName) //---Wei-Meng,Lee---
```

> **참고** 기본 매개 변수는 함수를 호출할 때 명시적으로 매개 변수명을 지정해야 한다. 게다가 기본 매개 변수는 함수를 정의할 때 외부 매개 변수명을 지정하거나 # 축약형을 사용할 필요 없다. 암시적으로 기본 매개 변수는 이름있는 인자를 나타내기 때문이다.

함수를 호출하여 세 번째 인자를 기본값인 공백문자로 사용하려고 할 때 기본 매개 변수를 생략할 수 있다.

```
    fullName = joinName("Wei-Meng","Lee")
    println(fullName) //---Wei-Meng Lee---
```

> **참고** 기본값을 가진 매개 변수는 반드시 매개 변수 목록의 마지막에 위치해야 한다.

같은 이름에 다른 입력 매개 변수를 가진 함수를 정의할 때 주의해야 한다. joinName이라는 같은 이름의 두 함수가 있고 첫 번째 함수는 기본값을 가지고 있는 경우를 생각해보자.

```
    func joinName(firstName:String,
                  lastName:String,
                  joiner:String = " ") -> String {
        return "\(firstName)\(joiner)\(lastName)"
    }

    func joinName(firstName:String,
                  lastName:String) -> String {
```

```
        return "\(firstName)\(lastName)"
    }
```

첫 번째 함수를 호출하려면 이처럼 기본 매개 변수의 외부 매개 변수명을 지정해야 한다.

```
    var fullName = joinName("Wei-Meng", "Lee", joiner:",")
    println(fullName) //---Wei-Meng,Lee---
```

이제 두 개의 인자만을 전달하여 joinName을 호출하면 컴파일 오류가 발생할 것이다.
컴파일러는 호출할 함수가 어느 것인 결정할 수 없기 때문이다.

```
    var fullName = joinName("Wei-Meng","Lee")
```

■ 가변 매개 변수

가변적인 수의 인자를 받아야 하는 함수를 정의해야 하는 경우가 있다. 예를 들어, 인
자로 전달된 수열의 평균을 계산하는 함수를 정의하길 원한다고 가정해보자. 이 경우
에 함수는 다음과 같이 정의될 수 있다.

```
    func average(nums: Int...) -> Float {
        var sum: Float = 0
        for num in nums {
            sum += Float(num)
        }
        return sum/Float(nums.count)
    }
```

. . . (세 개의 점)은 가변적인 수의 인자를 받을 수 있는 매개 변수를 나타낸다. 이
경우는 Int형이다. 가변적인 수의 인자를 받는 매개 변수는 **가변 매개 변수**(variadic
parameter)로 알려져 있다. 아무 개수의 인자를 전달하여 함수를 호출할 수 있다.

```
    println(average(1,2,3))         //---2.0---
    println(average(1,2,3,4))       //---2.5---
    println(average(1,2,3,4,5,6))   //---3.4---
```

■ 상수와 변수 매개 변수

기본적으로 함수에서 모든 매개 변수는 상수이다. 다시 말해, 함수 안의 코드는 매개
변수를 수정할 수 없다. 다음은 이를 설명한 것이다.

```
func doSomething(num: Int) {
    num++ //---기본적으로 num은 상수이므로 이것은 무시된다---
    println(num)
}
```

매개 변수의 값을 변경하려면, 이처럼 매개 변수를 다른 변수에 복사하여 사용할 수 있다.

```
func doSomething(num: Int) {
    var n = num
    n++
    println(n)
}
```

하지만 더 쉬운 방법이 있다. 매개 변수를 변수로 만들려면 매개 변수명 앞에 var 키워
드를 붙인다.

```
func doSomething(var num: Int) {
    num++
    println(num)
}
```

다음 코드처럼 매개 변수는 전달된 인자의 사본을 만드는 것에 주의한다.

```
num = 8
doSomething(num)        //---9를 출력한다---
println(num)            //---8을 출력한다, 원본 값 8은 바뀌지 않는다---
```

함수에 전달된 변수의 모든 변경 사항은 그 함수가 종료된 후에 사라진다.

■ In-Out 매개 변수

이전 절에서는 함수 호출이 끝난 후 함수에 전달된 값이 변하지 않는 변수를 보여줬다. 이것은 함수가 변수의 사본을 만들어 모든 변경을 사본에 적용했기 때문이다.

> **참고** 값 타입(`Int`, `Double`, `Float`, 구조체, `String`과 같은)을 함수에 전달하면, 함수는 그 변수의 사본을 만든다. 하지만 참조 타입(클래스와 같은)의 인스턴스를 전달하면 함수는 그 타입의 원본 인스턴스를 참조하고 사본을 만들지 않는다. 클래스는 8장에서 자세히 다룬다.

그러나 때때로 함수가 반환한 후 변수의 값을 변경하는 함수가 필요할 것이다. 함수 안에서 변경된 내용이 지속되는 매개 변수는 **in-out 매개 변수**라고 한다. 다음은 in-out 매개 변수의 예를 보여준다.

```
func fullName(inout name:String, withTitle title:String) {
    name = title + " " + name;
}
```

위 예제를 보면 name 매개 변수 앞에 inout 키워드가 붙어있다. 이 키워드는 함수가 반환된 후 name 매개 변수의 변경 내용이 지속될 것이라는 것을 명시한다. 이것이 어떻게 작동하는지 보기 위해 다음 코드를 살펴보자.

```
var myName = "Wei-Meng Lee"
fullName(&myName, withTitle:"Mr.")
println(myName)   //---"Mr. Wei-Meng Lee"를 출력한다---
```

위에서 볼 수 있듯이 myName의 원본 값은 "Wei-Meng Lee"였다. 하지만 함수가 반환된 후 그 값은 "Mr.Wei-Meng Lee"로 바뀐다.

inout 매개 변수를 가진 함수를 호출할 때 알아야 할 것들이 있다.

- inout 매개 변수에 변수를 전달해야 한다. 상수는 허용하지 않는다.
- 함수에 의해 값이 변경될 수 있다는 것을 나타내기 위해 inout 매개 변수에 전달한 변수 앞에 & 문자를 붙여야 한다.
- In-out 매개 변수는 기본값을 가질 수 없다.
- In-out 매개 변수는 var나 let 키워드를 표기할 수 없다.

함수 타입

모든 함수는 특정한 함수 타입을 가진다. 이해를 돕기 위해 다음 두 함수를 살펴보자.

```
func sum(num1: Int, num2: Int) -> Int {
    return num1 + num2
}

func diff(num1: Int, num2: Int) -> Int {
    return abs(num1 - num2)
}
```

두 함수는 두 매개 변수를 입력 받아 Int형 값을 반환한다. 따라서 각 함수의 타입은 (Int, Int) -> Int이다.

> **참고** 보통 함수의 타입은 자바나 C#과 같은 프로그래밍 언어에서 함수 시그니처(function signature)라고 한다.

또 다른 예로, 다음 함수는 () -> () 타입을 가진다. 이것은 "**어떤 매개 변수도 가지지 않고 Void를 반환하는 함수**"로 읽을 수 있다.

```
func doSomething() {
    println("doSomething")
}
```

■ 함수 타입 변수 정의하기

Swift에서 변수나 상수를 함수 타입으로 정의할 수 있다. 예를 들어, 다음과 같이 할 수 있다.

```
var myFunction: (Int, Int) -> Int
```

위 문장은 기본적으로 **"두 개의 Int 매개 변수를 입력 받아 Int 값을 반환하는 함수"** 타입의 myFunction이라는 변수를 정의한다. myFunction은 이전에 논의했던 sum() 함수와 같은 함수 타입이기 때문에 sum() 함수를 여기에 할당할 수 있다.

```
myFunction = sum
```

위 문장을 이처럼 줄일 수 있다.

```
var myFunction: (Int, Int) -> Int = sum
```

■ 함수 타입 변수 호출하기

이제 myFunction 함수 타입 변수를 사용하여 sum() 함수를 호출할 수 있다.

```
println(myFunction(3,4))   //---7을 출력한다---
```

myFunction 변수에 (Int, Int) -> Int 함수 타입을 가진 다른 함수를 할당할 수 있다.

```
myFunction = diff
```

이번에는 myFunction을 다시 호출하면 diff() 함수가 대신 호출될 것이다.

```
println(myFunction(3,4))    //---1을 출력한다---
```

다음 표는 일부 함수 정의와 그에 따른 함수 타입을 보여준다.

함수 정의	함수 타입 (설명)
```func average(nums: Int...) -> Float {}```	(Int...) -> Float 함수의 매개 변수가 가변 매개 변수이기 때문에 세 개의 점(...)를 명시해야 한다.
```func joinName(firstName:String, lastName:String, joiner:String = " ") -> String {}```	(String, String, String) -> String 기본 매개 변수(세 번째 매개 변수)를 포함한 타입을 명시해야 한다.
```func doSomething(num1: Int, num2: Int) {}```	(Int, Int) -> () 이 함수는 값을 반환하지 않기 때문에 함수 타입에 ()를 사용해야 한다.
```func doSomething() {}```	() -> () 이 함수는 어떤 매개 변수도 가지고 있지 않고 반환값도 없기 때문에 매개 변수와 반환 타입에 ()를 명시해야 한다.

■ 함수 안에서 함수 타입 반환하기

함수의 반환 타입으로 함수 타입을 사용할 수 있다. 다음 예제를 살펴보자.

```
func chooseFunction(choice:Int) -> (Int, Int)->Int {
   if choice == 0 {
      return sum
   } else {
      return diff
   }
}
```

chooseFunction() 함수는 Int 매개 변수를 받아 (Int, Int) -> Int 타입의 함수를 반환한다. 이 경우에서는 choice가 0이면 sum() 함수를 반환하고 그렇지 않으면 diff() 함수를 반환한다.

chooseFunction() 함수를 사용하기 위해, 값을 전달하여 함수를 호출하고 그 반환 값을 변수나 상수에 할당한다.

```
    var functionToUse = chooseFunction.(0)
```

이제 반환값을 함수처럼 호출할 수 있다.

```
    println(functionToUse(2,6))              //---8을 출력한다---

    functionToUse = chooseFunction(1)
    println(functionToUse(2,6))              //---4를 출력한다---
```

중첩 함수

함수 안에 함수를 정의할 수 있다. 이것이 **중첩 함수**이다. 중첩 함수는 그 함수가 정의된 함수 안에서만 호출할 수 있다.

이전 절에서 본 chooseFunction() 함수는 중첩 함수를 사용하여 다시 작성할 수 있다.

```
    func chooseFunction(function:Int) -> (Int, Int)->Int {
        func sum(num1: Int, num2: Int) -> Int {
            return num1 + num2
        }

        func diff(num1: Int, num2: Int) -> Int {
            return abs(num1 - num2)
        }

        if function == 0 {
            return sum
        } else {
            return diff
        }
    }
```

요약

이 장에서는 함수를 정의하고 사용하는 법을 살펴보았다. 또한 함수에서 정의할 수 있는 다양한 타입의 매개 변수를 보았고 그것을 호출하는 법을 살펴보았다. Swift 프로그래밍에서 함수는 객체지향 프로그래밍의 토대이기 때문에 중추적인 역할을 한다. 8장에서는 클래스에서 함수를 사용하는 법에 대해 논의할 것이다.

연습 문제

1. 다음 코드를 3으로 나누어 떨어지는 숫자의 수도 반환하도록 수정해보자.

```
func countNumbers(string: String) -> (odd:Int, even:Int) {
    var odd = 0, even = 0
    for char in string {
        let digit = String(char).toInt()
        if (digit != nil) {
            (digit!) % 2 == 0 ? even++ : odd++
        }
    }
    return (odd, even)
}
```

2. 다음과 같이 호출할 수 있는 함수를 선언해보자.

```
doSomething("abc", withSomething: "xyz")
```

3. Int형의 가변 매개 변수를 받아 모든 인자를 더한 값을 반환하는 함수를 작성한다.

4. 다음 방식과 같이 호출하여 출력 결과를 보여주는 기본 매개 변수를 사용한 가변 함수 cat()을 작성한다.

```
println(cat(joiner:":", nums: 1,2,3,4,5,6,7,8,9))
// 1:2:3:4:5:6:7:8:9

println(cat(nums: 1,2,3,4,5))
// 1 2 3 4 5
```

• 이 장에서 배운 것

주제	핵심 개념
함수 정의	func 키워드를 사용한다.
함수에서 복수의 값 반환	튜플을 사용해 함수에서 복수의 값을 반환한다.
외부 매개 변수명	함수의 매개 변수에 외부 매개 변수명을 지정할 수 있다.
외부 매개 변수명 축약	# 문자를 사용하여 매개 변수명을 외부 매개 변수명으로 사용할 수 있다.
기본 매개 변수 값	매개 변수에 기본값을 지정할 수 있다. 기본 매개 변수는 함수를 호출할 때 명시적으로 매개 변수명을 지정해야 한다. 게다가 기본 매개 변수는 함수를 정의할 때 명시적으로 외부 매개 변수명을 지정하거나 # 축약형을 사용할 필요 없다. 암시적으로 기본 매개 변수는 이름 있는 인자를 나타내기 때문이다.
가변 매개 변수	가변적인 개수의 값을 허용하는 매개 변수는 가변 매개 변수이다. 반드시 가변 매개 변수는 매개 변수 목록 끝에 와야 한다. 또한 기본 매개 변수 값을 허용하는 함수에서도 가변 매개 변수는 반드시 매개 변수 목록 끝에 있어야 한다.
상수 매개 변수	기본적으로 함수에서 모든 매개 변수는 상수이다. 매개 변수의 값을 수정하려면 매개 변수 앞에 var 키워드를 붙여야 한다.
In-out 매개 변수	함수 안에서 변경된 내용을 유지하는 매개 변수를 in-out 매개 변수라 한다.
함수 타입	모든 함수는 매개 변수 목록과 반환값을 명시한 특정 함수 타입을 가지고 있다.
함수 타입 변수 호출	일반 변수처럼 함수 타입 변수를 호출할 수 있다.
함수에서 함수 타입 반환	함수에서 함수 타입을 반환할 수 있다.
중첩 함수	함수 안에 함수를 중첩할 수 있다.

06

컬렉션

이 장에서 배울 내용

» 배열을 만드는 법
» 배열에서 요소를 가져오는 법
» 배열에 요소를 삽입하는 법
» 배열에서 요소를 수정하는 법
» 배열에 요소를 추가하는 법
» 배열의 크기를 확인하는 법
» 배열에서 요소를 제거하는 법
» 배열 전체를 반복하는 법
» 배열들이 같은지 검사하는 법

» 딕셔너리를 만드는 법
» 딕셔너리에서 요소를 가져오는 법
» 딕셔너리에 요소를 삽입하는 법
» 딕셔너리에서 요소를 수정하는 법
» 딕셔너리에 요소를 추가하는 법
» 딕셔너리의 크기를 확인하는 법
» 딕셔너리에서 요소를 제거하는 법
» 딕셔너리 전체를 반복하는 법
» 딕셔너리들이 같은지 검사하는 법

Swift는 같은 형의 자료를 저장하는 두 가지 종류의 컬렉션(collection)을 제공한다. 배열(array)과 딕셔너리(dictionary)이다. 배열은 순서가 있는 방식으로 항목들을 저장하는 반면, 딕셔너리는 순서 없이 항목들을 저장하고 고유 키를 사용하여 각 항목을 식별한다.

Swift에서 배열과 딕셔너리는 둘 다 저장하는 자료형에 관해 매우 명확하다. Objective-C의 NSArray와 NSDictionary 클래스와 달리, Swift의 배열과 딕셔너리는 특정 자료형만을 저장할 수 있음을 확실히 하기 위해 형 추론이나 명시적 형 선언을 사용한다. 이러한 자료형에 관한 엄격한 규칙은 개발자가 안전한 코드를 작성할 수 있도록 해준다.

배열

배열은 색인된 객체들의 집합이다. 다음 문장은 세 항목을 가진 배열을 보여준다.

```
var OSes = ["iOS", "Android", "Windows Phone"]
```

Swift에서는 [] 구문을 사용하여 배열을 만든다. 컴파일러는 자동으로 배열에 있는 항목들의 자료형을 추론한다. 이 경우는 String 요소 배열이다.

Swift에서 배열은 내부적으로 클래스가 아닌 구조체로 구현된다.

■ 배열의 가변성

배열을 var 키워드를 사용하여 선언하면 **뮤터블 배열**(mutable array)이 된다. 이는 배열의 크기가 고정되지 않고, 실행 시에 배열에 요소를 추가하거나 삭제할 수 있음을 의미한다. 반면, 배열을 let 키워드로 선언하면 이뮤터블 배열(immutable array)을 만드는 것이다. 이는 배열이 한번 만들어지면 그 요소들을 삭제하거나 새로운 요소를 추가할수 없다는 것을 의미한다.

```
//---immutable array---
let OSes = ["iOS", "Android", "Windows Phone"]
```

■ Array 자료형

다음과 같이 다른 형의 배열 요소를 섞어 사용하면 컴파일러는 오류를 발생시킨다는 것에 주의한다.

```
var OSes = ["iOS", "Android", "Windows Phone", 25]
```

컴파일러는 배열이 초기화되면 그 자료형을 유추할 것이다. 네 번째 요소의 자료형은 다른 나머지 요소들과 호환되지 않는다. 따라서 컴파일은 실패한다.

일반적으로 대부분은 같은 형의 항목을 가진 배열을 원하기에 이처럼 명시적으로 선언할 수 있다.

```
var OSes:Array<String> = ["iOS", "Android", "Windows Phone"]
```

이처럼 배열에: [DataType] 형식을 사용하여 간단히 자료형을 명시할 수 있는 축약문법이 있다(여기서 DataType은 배열에 저장할 자료형이다).

```
var OSes:[String] = ["iOS", "Android", "Windows Phone"]
```

[String]은 컴파일러에 배열 요소의 자료형을 검사하도록 하고 다른 형의 요소가 발견되면 오류를 발생시키도록 한다.

다음 예제는 정수형 배열을 보여준다.

```
var numbers:[Int] = [0,1,2,3,4,5,6,7,8,9]
```

■ 배열 요소 가져오기

배열 내의 항목을 가져오기 위해서는 다음과 같이 **서브스크립트**(subscript) **문법**을 사용한다.

```
var item1 = OSes[0]     // "iOS"
var item2 = OSes[1]     // "Android"
var item3 = OSes[2]     // "Windows Phone"
```

서브스크립트는 배열명 다음에 대괄호 안에 값(인덱스)을 써서 배열의 특정 항목에 직접 접근하도록 한다. 배열은 1이 아닌 0부터 색인한다.

> **참고** 배열 안의 위치를 사용하여 요소에 접근하기 때문에 배열 안의 객체 순서는 중요하다.

■ 배열 요소 삽입하기

배열의 특정 인덱스에 요소를 삽입하기 위해서는 insert() 함수를 사용한다.

```
//---배열의 인덱스 2에 새로운 요소를 삽입한다---
OSes.insert("BlackBerry", atIndex: 2)
```

위 insert() 함수 호출에서 매개 변수명 atIndex를 지정한 것에 주목한다. 이것은 **외부 매개 변수명**으로 대개 함수의 이니셜라이저에 명시한 것에 따라 필요하다.

배열에 요소를 삽입한 후에는 이제 다음 요소들을 가지게 된다.

```
[iOS, Android, BlackBerry, Windows Phone]
```

배열 크기와 같이 인덱스를 높여 요소를 삽입할 수 있다. 그림 6-1은 현재 배열 크기가 4임을 보여주고 다음처럼 배열의 뒤에 요소를 삽입할 수 있다.

```
OSes.insert("Tizen", atIndex: 4)
```

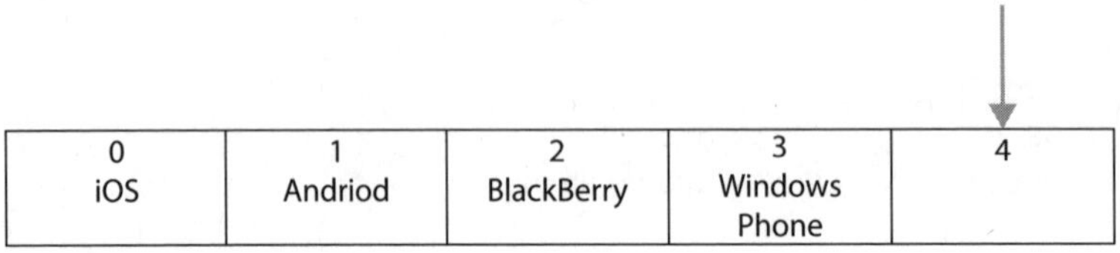

0 iOS	1 Andriod	2 BlackBerry	3 Windows Phone	4

그림 6-1

그러나 다음 문장은 실행 중에 실패한다. 인덱스 5는 이 배열의 범위를 초과하기 때문이다(최대 접근 가능한 인덱스는 4이다).

```
//---인덱스 범위 초과---
OSes.insert("Tizen", atIndex: 5)
```

■ 배열 요소 수정하기

배열에 있는 기존 항목의 값을 변경하기 위해서는 그 항목의 인덱스를 지정하고 새로운 값을 할당한다.

```
OSes[3] = "WinPhone"
```

이제 배열은 갱신된 요소를 갖게 된다.

```
        [iOS, Android, BlackBerry, WinPhone]
```

var 키워드로 배열을 선언한 경우에만 배열의 값을 수정할 수 있다. 만약 let 키워드
로 선언한 배열이라면 그 값은 수정될 수 없다.

■ 배열 요소 추가하기

배열에 항목을 추가하려면 append() 함수를 사용한다.

```
        OSes.append("Tizen")
```

이제 배열은 방금 추가한 요소를 포함한다.

```
        [iOS, Android, BlackBerry, WinPhone, Tizen]
```

또한 += 연산자를 사용하여 배열에 항목을 추가할 수 있다.

```
        OSes += ["Tizen"]
```

기존 배열에 배열을 추가할 수도 있다.

```
        OSes += ["Symbian", "Bada"]
```

이제 배열은 추가한 요소들을 포함한다.

```
        [iOS, Android, BlackBerry, WinPhone, Tizen, Symbian, Bada]
```

■ 배열 크기 확인하기

배열의 크기를 확인하려면 count 프로퍼티를 사용한다.

```
        var lengthofArray = OSes.count   //---7을 반환한다---
```

빈 배열인지 확인하려면 isEmpty() 함수를 사용한다.

```
        var arrayIsEmpty = OSes.isEmpty
```

■ 배열 요소 제거하기

다음 함수를 사용하여 배열에서 요소를 제거할 수 있다.

```
var os1 = OSes.removeAtIndex(3)       // "WinPhone"을 제거한다
var os2 = OSes.removeLast()           // "Bada"를 제거한다
OSes.removeAll(keepCapacity: true)    // 모든 요소를 제거한다
```

removeAtIndex()와 removeLast() 함수는 둘 다 제거된 항목을 반환한다.

removeAll() 함수는 배열 안의 모든 요소를 없앤다. 만약 keepCapacity 매개 변수를 true로 설정하면 배열은 원래 크기를 유지한다.

> **참고** keepCapacity 인자는 배열의 내부 구현에서 더 중요하다. 크기를 유지한다는 것은 나중에 추가 요소가 내부 저장 공간의 재할당 없이 저장될 수 있음을 의미한다.

■ 배열 요소 반복하기

이처럼 배열 내부를 반복하기 위해서 For-In 루프를 사용할 수 있다.

```
var OSes = ["iOS", "Android", "Windows Phone"]
for OS in OSes {
    println(OS)
}
```

인덱스를 사용하여 배열 내부의 특정 요소에 접근할 수 있다.

```
var OSes = ["iOS", "Android", "Windows Phone"]
for index in 0...2 {
    println(OSes[index])
}
```

배열 요소의 인덱스와 값이 필요하면 전역 enumerate 함수를 사용할 수 있다. 이 함수는 각 배열 요소를 튜플로 반환한다.

```
var OSes = ["iOS", "Android", "Windows Phone"]
for (index, value) in enumerate(OSes) {
    println("element ₩(index) - ₩(value)")
}
```

위 코드는 다음을 출력한다.

```
element 0 - iOS
element 1 - Android
element 2 - Windows Phone
```

■ 빈 배열 만들기

Swift에서는 다음처럼 이니셜라이저 문법을 사용하여 특정 자료형의 빈 배열을 만들 수 있다.

```
var names = [String]()
```

위 코드는 String형의 빈 배열을 만든다. 이 배열을 채우기 위해서는 append() 메소드를 사용할 수 있다.

```
names.append("Sienna Guillory")
names.append("William Fichtner")
names.append("Hugh Laurie")
names.append("Faye Dunaway")
names.append("Helen Mirren")

for name in names {
    println(name)   //---배열 안의 모든 이름을 출력한다---
}
```

다시 빈 배열 names를 만들기 위해 빈 괄호 쌍을 names에 할당한다.

```
names = []
```

다음 예제는 Int형의 빈 배열을 만든다.

```
var nums = [Int]()
```

또한 특정 크기의 배열을 만들고 각 요소를 특정 값으로 초기화할 수 있다.

```
var scores = [Float](count:5, repeatedValue:0.0)
```

count 매개 변수는 배열의 크기를 나타내고 repeatedValue 매개 변수는 배열 요소의 초기값을 명시한다. 사실 위 문장은 명시적인 형 지정 없이 다시 작성할 수 있다.

```
var scores = Array(count:5, repeatedValue:0.0)
```

repeatedValue 매개 변수에 전달된 인자를 통해 자료형을 추론할 수 있다. 아래에 보이는 것처럼 각 배열 요소의 값을 출력하면,

```
for score in scores {
    println(score)
}
```

각 요소의 초기값을 볼 수 있다.

```
0.0
0.0
0.0
0.0
0.0
```

■ 배열이 같은지 검사하기

== 연산자를 사용하여 두 배열이 동일한지 검사할 수 있다. 두 배열이 정확히 같은 요소를 포함하고 같은 순서를 가지면 두 배열은 동일하다. 다음 예제를 살펴보자.

```
var array1 = [1,2,3,4,5]
var array2 = [1,2,3,4]
```

이 두 배열은 같은 수의 요소를 가지고 있지 않기 때문에 동일하지 않다.

```
println("Equal: ₩(array1 == array2)")   //---false---
```

요소 하나를 array2에 추가한다.

```
        array2.append(5)
```

이제 두 배열은 같은 수의 요소와 정확히 같은 순서를 가지므로 동일하다.

```
        println("Equal: ₩(array1 == array2)")  //---true---
```

또 다른 배열을 가정해보자.

```
        var array3 = [5,1,2,3,4]
```

array3은 array1과 동일하지 않다. 요소의 순서가 같지 않기 때문이다.

```
        println("Equal: ₩(array1 == array3)")  //---false---
```

딕셔너리

딕셔너리(dictionary)는 키를 사용하여 식별되는 같은 자료형의 객체 집합이다. 다음 예제를 살펴보자.

```
        var platforms: Dictionary<String, String> = [
            "Apple": "iOS",
            "Google" : "Android",
            "Microsoft" : "Windows Phone"
        ]
```

여기서 platforms은 세 항목을 가진 딕셔너리이다. 각 항목은 키/값 쌍이다. 예를 들어, "Apple"은 값 "iOS"를 가진 키이다. 이 선언은 키와 값, 둘 다 반드시 String형이어야 한다는 것을 명시한다. 형 추론 덕분에 Dictionary 키워드와 자료형을 명시하지 않고 단축하여 선언할 수 있다.

```
        var platforms = [
            "Apple": "iOS",
            "Google" : "Android",
            "Microsoft" : "Windows Phone"
        ]
```

배열과 달리 딕셔너리에서 항목의 순서는 중요치 않다. 이것은 항목들이 그 위치가 아닌 키로 식별되기 때문이다. 위 내용은 이처럼 쓰여질 수도 있다.

```
var platforms = [
    "Microsoft" : "Windows Phone",
    "Google" : "Android",
    "Apple": "iOS"
]
```

딕셔너리에서 항목의 키는 String으로 제한하지 않는다. **해시** 가능한 어떤 타입이든 될 수 있다(즉, 유일하게 나타낼 수 있어야 한다). 다음 예제는 정수를 키로 사용하는 딕셔너리를 보여준다.

```
var ranking = [
    1: "Gold",
    2: "Silver",
    3: "Bronze"
]
```

다음 예제에서 보여주는 것처럼, 항목의 값은 그 자체가 또 다른 배열이 될 수 있다.

```
var products = [
    "Apple" : ["iPhone", "iPad", "iPod touch"],
    "Google" : ["Nexus S", "Nexus 4", "Nexus 5"],
    "Microsoft" : ["Lumia 920", "Lumia 1320","Lumia 1520"]
]
```

이 예제에서 특정 제품에 접근하려면, 먼저 얻길 원하는 항목의 키를 지정하고 그 뒤에 배열의 인덱스를 지정해야 한다.

```
println(products["Apple"]![0])      //---iPhone---
println(products["Apple"]![1])      //---iPad---
println(products["Google"]![0])     //---Nexus S---
```

딕셔너리의 값을 강제 언랩핑하기 위해 ! 문자를 사용해야 한다는 것에 주의한다. 이것은 다음과 같이 딕셔너리가 옵셔널 값을 반환하기 때문이다(잠재적으로 지정한 키가 존재하지 않으면 nil 값을 반환할 수 있다).

```
var models = products["Samsung"] //---models is nil---
```

딕셔너리에서 값을 추출하는 가장 안전한 방법은 이처럼 nil인지 검사하는 것이다.

```
var models = products["Apple"]
if models != nil {
    println(models![0]) //---iPhone---
}
```

■ 딕셔너리의 가변성

딕셔너리를 만들 때 그 가변성(생성된 후 크기를 변경할 수 있는지 여부)은 let 키워드로 선언했는지 var 키워드로 선언했는지에 의존적이다. let 키워드로 선언했으면 상수를 만들었으므로 그 딕셔너리는 불가변적이다(생성된 후 크기가 바뀔 수 없다). var 키워드를 사용했으면 변수를 만들었으므로 그 딕셔너리는 가변적이다(생성 후 크기가 바뀔 수 있다).

■ 딕셔너리 요소 가져오기

딕셔너리의 항목에 서브스크립트를 사용하여 접근하려면 그 키를 지정해야 한다.

```
var platforms = [
    "Apple": "iOS",
    "Google" : "Android",
    "Microsoft" : "Windows Phone"
]

var ranking = [
    1: "Gold",
    2: "Silver",
    3: "Bronze"
]

println(platforms["Apple"])  //---Optional("iOS")---
println(ranking[2])          //---Optional("Silver")---
```

지정한 키가 딕셔너리에 존재하지 않을 가능성도 있기 때문에 반환 결과는 딕셔너리 값 타입의 **옵셔널** 값이다. 첫 번째 예제는 String?이고 두 번째는 Int?형이다.

> **참고** 옵셔널에 관한 내용은 2장 "자료형"을 참조하길 바란다.

위에서 작업을 하기 전에 그 값의 존재 여부를 검사해야 한다.

```
let p = platforms["Apple"]
if p != nil {
    println(p!) //---iOS---
} else {
    println("Key not found")
}
```

■ 딕셔너리 크기 확인하기

딕셔너리에 있는 항목의 수를 얻기 위해서는 count 프로퍼티(읽기 전용)를 사용해야
한다.

```
var platforms = [
    "Apple": "iOS",
    "Google" : "Android",
    "Microsoft" : "Windows Phone"
]

println(platforms.count) //---3---
```

■ 딕셔너리 요소 수정하기

딕셔너리 내에 있는 항목의 값을 변경하려면 해당 키를 지정하고 새로운 값을 할당한다.

```
var platforms = [
    "Apple": "iOS",
    "Google" : "Android",
    "Microsoft" : "Windows Phone"
]
```

```
platforms["Microsoft"] = "WinPhone"
```

딕셔너리 안에 지정한 키가 존재하지 않으면 새 항목으로 추가된다. 이미 존재한다면 해당 값이 변경된다.

아니면, updateValue(forKey:) 메소드를 사용하여 해당 항목의 키와 새 값을 지정하여 변경할 수도 있다.

```
platforms.updateValue("WinPhone", forKey: "Microsoft")
```

배열과 마찬가지로, 딕셔너리를 let 키워드로 생성하면 멤버의 값을 변경할 수 없다는 것에 주의한다. 오직 var 키워드를 사용하여 선언한 경우에만 딕셔너리의 값들을 수정할 수 있다.

이전 예제와 마찬가지로, 명시된 키가 딕셔너리에 존재하지 않으면 새 항목이 추가될 것이다. 그런데 updateValue(forKey:) 메소드는 이미 그 항목이 존재하면 지정된 항목의 이전 값을 반환한다. 이것은 그 항목이 갱신되었는지 여부를 검사할 수 있게끔 해준다. updateValue(forKey:) 메소드는 딕셔너리 값 타입의 옵셔널 값(예제에서는 String?)을 반환한다. 해당 항목이 이미 존재하면 문자열 값을 가지고, 해당 키가 없으면 nil을 가진다(새로운 항목이 추가되었음을 뜻한다). 또한 항목이 갱신된 건지 새로 추가된 건지 확인하는 데 사용할 수 있다.

```
if let oldValue = platforms.updateValue("WinPhone", forKey:
                       "Microsoft")
{
   println("The old value for 'Microsoft' was ₩(oldValue).")
} else {
   println("New key inserted!")
}
```

■ 딕셔너리 요소 제거하기

딕셔너리에서 항목을 제거하려면 단순히 그 값을 nil로 설정한다.

```
var platforms = [
    "Apple": "iOS",
```

```
        "Google" : "Android",
        "Microsoft" : "Windows Phone"
    ]

    platforms["Microsoft"] = nil;
    println(platforms.count)        //---2---
```

이제 딕셔너리 내의 항목 수는 하나 줄어들었을 것이다. 또한 removeValueFor
Key() 메소드를 사용하여 제거할 수도 있다.

```
    if let removedValue = platforms.removeValueForKey("Microsoft") {
       println("Platform removed: ₩(removedValue)")
    } else {
       println("Key not found")
    }
```

이전 절에서 살펴본 updateValue(forKey:) 메소드와 마찬가지로 removeValu
eForKey() 메소드는 제거할 키의 값을 반환하고 키가 존재하지 않으면 nil을 반환
한다.

■ 딕셔너리 요소 반복하기

딕셔너리 요소 전체를 반복하는 방법은 여러 가지 있다. 먼저, 예제처럼 For-In 루프를
사용할 수 있다.

```
    var platforms = [
        "Apple": "iOS",
        "Google" : "Android",
        "Microsoft" : "Windows Phone"
    ]

    for platform in platforms {
       println(platform)
    }
```

위의 결과는 다음과 같다.

```
    (Microsoft, Windows Phone)
    (Google, Android)
    (Apple, iOS)
```

키와 값을 분리하여 지정할 수도 있다.

```
for (company, platform) in platforms {
    println("₩(company) - ₩(platform)")
}
```

위의 결과는 다음과 같다.

```
Microsoft - Windows Phone
Google - Android
Apple - iOS
```

keys 프로퍼티를 이용하여 딕셔너리 안의 키들을 전부 반복하기 위해 For-In 루프를 사용할 수도 있다.

```
for company in platforms.keys {
    println("Company - ₩(company)")
}
```

위 코드는 다음을 출력할 것이다.

```
Company - Microsoft
Company - Google
Company - Apple
```

다음 예제는 values 프로퍼티를 사용하여 딕셔너리의 모든 값들을 반복하는 것이다.

```
for platform in platforms.values {
    println("Platform - ₩(platform)")
}
```

위 코드는 다음을 출력할 것이다.

```
Platform - Windows Phone
Platform - Android
Platform - iOS
```

또한 딕셔너리의 모든 키와 값들을 직접 배열에 할당할 수도 있다.

```
let companies = platforms.keys
let oses = platforms.values
```

■ 빈 딕셔너리 만들기

Swift에서는 이와 같은 이니셜라이저 문법을 사용하여 특정 자료형의 빈 딕셔너리를 만
들 수 있다.

```
var months = Dictionary<Int, String>()
```

위 예제는 Int 키 타입과 String 값 타입을 갖는 빈 딕셔너리를 만든다.

딕셔너리를 채우려면 키와 해당 값을 명시하면 된다.

```
months[1] = "January"
months[2] = "February"
months[3] = "March"
months[4] = "April"
months[5] = "May"
months[6] = "June"
months[7] = "July"
months[8] = "August"
months[9] = "September"
months[10] = "October"
months[11] = "November"
months[12] = "December"
```

months를 다시 빈 딕셔너리로 만들려면 대괄호 쌍 안에 콜론(:)을 넣어 할당하면 된다.

```
months = [:]
```

■ 딕셔너리가 같은지 검사하기

== 연산자를 사용하여 두 딕셔너리가 같은지 비교할 수 있다. 정확히 동일한 키와 값들을 가지면 두 딕셔너리는 같다.

```
var dic1 = [
    "1": "a",
    "2": "b",
    "3": "c",
]

var dic2 = [
    "3": "c",
    "1": "a",
]

println("Equal: ₩(dic1 == dic2)")  //---false---
```

두 딕셔너리는 같은 수의 키와 값을 가지고 있지 않기에 위 식은 false로 평가된다. 그러나 만약에 dic2에 아래와 같이 새로운 항목을 추가하면 true가 될 것이다.

```
dic2["2"] = "b"
println("Equal: ₩(dic1 == dic2)")  //---true---
```

배열과 딕셔너리의 복사

배열을 다른 변수나 상수에 할당하여 그 배열을 복사할 수 있다.

```
var array1 = [1,2,3,4,5]
var array2 = array1
```

위 예제에서 array1은 또 다른 변수 array2에 할당된다. Swift에서 배열을 다른 변수에 할당하면 그림 6-2처럼 그 배열의 사본이 만들어지고 두 번째 배열에 할당된다.

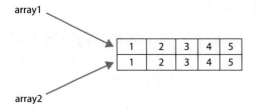

그림 6-2

이를 확인하기 위해 다음과 같이 array1의 내용을 조금 변경하고 두 배열의 내용을 출력해본다.

```
array1[1] = 20
println(array1) //---[1,20,3,4,5]---
println(array2) //---[1,2,3,4,5]---
```

결과에 분명히 드러나는 것처럼 array1의 요소 변경은 오직 array1 배열 자체에만 적용된다.

딕셔너리의 복사 동작도 이와 유사하다. 딕셔너리의 사본이 만들어져 두 번째 변수에 할당된다. 다음 딕셔너리 예제를 살펴보자.

```
var colors = [
    1 : "Red",
    2 : "Green",
    3 : "Blue"
]
```

다음 문장은 딕셔너리를 다른 딕셔너리에 복사한다.

```
var copyOfColors = colors
```

colors 딕셔너리를 변경해보자.

```
colors[1] = "Yellow"
```

두 딕셔너리의 값들을 출력한다.

```
for color in colors {
    println(color)
}

for color in copyOfColors {
    println(color)
}
```

이제 colors가 다음 항목들을 포함하는 것을 볼 수 있을 것이다.

```
(1, Yellow)
(2, Green)
(3, Blue)
```

copyOfColors는 원본 항목 목록을 가지고 있다.

```
(1, Red)
(2, Green)
(3, Blue)
```

요약

이 장에서는 Swift의 두 가지 컬렉션 타입인 배열과 딕셔너리에 대해 배웠다. 배열과 딕셔너리는 같은 자료형의 항목들을 포함한다. 배열과 딕셔너리 사이의 근본적인 차이점은 항목을 저장하고 가져오는 방식이다. 배열은 항목이 추가되는 순서가 중요하다. 그 순서는 항목의 위치에 영향을 주기 때문에 그에 따라 값을 가져온다. 딕셔너리는 고유 키를 사용하여 항목을 식별한다. 이것은 항목을 추가하거나 가져올 때에 더 많은 유연성을 제공한다.

1. 정수의 배열을 만들고 그 안에 포함된 모든 홀수를 출력한다.

2. 사용자명, 비밀번호, 생일 등 사용자의 정보를 저장할 딕셔너리를 만든다.

3. 다음 코드가 주어졌을 때,

```
var products = [
    "Apple" : ["iPhone", "iPad", "iPod touch"],
    "Google" : ["Nexus S", "Nexus 4", "Nexus 5"],
    "Microsoft" : ["Lumia 920", "Lumia 1320","Lumia
        1520"]
]
```

다음을 출력하는 코드를 작성한다.

```
Microsoft
========
Lumia 920
Lumia 1320
Lumia 1520

Apple
========
iPhone
iPad
iPod touch

Google
========
Nexus S
Nexus 4
Nexus 5
```

• 이 장에서 배운 것

주제	핵심 개념
배열 생성	[type] 구문을 사용하여 배열을 만든다.
배열의 가변성	배열을 let 키워드로 만들면 불가변적이고, var 키워드를 사용하여 만들면 가변적이다.
배열 요소 가져오기	서브스크립트 문법을 사용하여 개별 배열 요소에 접근할 수 있다.
배열 요소 삽입	insert() 함수를 사용하여 배열에 요소를 삽입한다.
배열 요소 추가	append() 함수를 사용하거나, += 연산자를 사용하여 직접 배열을 다른 배열에 추가할 수 있다.
배열 크기 확인	count 프로퍼티를 사용한다.
배열 요소 제거	removeAtIndex(), removeLast(), removeAll() 함수를 사용한다.
배열 요소 반복	For-In 루프를 사용한다.
배열이 같은지 비교	== 연산자 사용하기
딕셔너리 생성	Dictionary[type, type] 구문을 사용하여 딕셔너리를 만든다.
딕셔너리 요소 가져오기	딕셔너리에서 항목의 키를 지정한다. 딕셔너리에서 가져온 값은 옵셔널 타입이다.
딕셔너리의 가변성	딕셔너리를 let 키워드로 선언하면 그 딕셔너리는 불가변적이다. 딕셔너리를 var 키워드로 선언했을 때만 가변적이다.
딕셔너리 크기	count 프로퍼티를 사용한다.
딕셔너리 요소 수정	해당 요소의 키를 지정하고 새로운 값을 할당한다.
딕셔너리 요소 제거	해당 요소의 키를 지정하고 nil로 설정한다.
딕셔너리 요소 반복	For-In 루프를 사용한다.
딕셔너리가 같은지 비교	== 연산자를 사용한다.
배열과 딕셔너리의 복사	배열이나 딕셔너리를 복사하면 그 사본이 만들어져 변수에 할당된다.

07

제어 흐름과 반복문

이 장에서 배울 내용

» If-Else 문을 사용한 조건 판단
» Switch 문을 숫자로 비교하는 법
» Switch 문을 문자로 비교하는 법
» Swift에서 fallthrough 작동법
» Switch 문을 숫자의 범위로 비교하는 법
» Switch 문을 튜플로 비교하는 법

» Switch 문으로 값을 바인딩 하는 법
» Switch 문에서 특정 조건을 비교하는 Where 절을 사용하는 법
» For-In 루프를 사용한 반복법
» For 루프를 사용한 반복법
» Break와 Continue 제어 이동문 사용법

프로그래밍 언어의 가장 중요한 요소 중 하나는 판단하고 반복 작업을 수행하는 것이다. Swift는 이러한 측면에서 If-Else 문을 통해 조건을 판단하는 일반적인 흐름 제어문을 제공한다. 복수의 비교를 위한 Switch 문도 제공한다. Swift의 Switch 문은 C 언어와 유사하면서도 좀 더 강력하고 유연하다.

또한 Swift는 C 스타일의 For와 While 루프를 제공하고 배열, 딕셔너리, 문자열을 반복할 수 있는 새로운 For-In 루프도 도입하였다.

제어 흐름

Swift는 기본적으로 두 가지 종류의 흐름 제어문을 제공한다. If 문과 Switch 문이 그것이다.

이전에 프로그래밍을 해본 적이 있다면 If 문에 친숙할 것이다. If 문은 명확한 조건(들)을 기준으로 판단할 수 있도록 한다. 만약 해당 조건(들)과 일치하면 If 문에 둘러싸인 블록문이 실행될 것이다. 다수의 조건들을 기준으로 판단하려면 Switch 문을 사용하는 것이 더 효율적이다. Switch 문은 복수의 If 문을 사용하지 않고 조건들을 명시할 수 있다.

■ If 문

Swift는 의사 결정을 위해 전통적인 C 스타일의 If 문을 제공한다. If 문의 문법은 다음과 같다.

```
if condition {
    statement(s)
}
```

다음은 If 문 예제이다.

```
var raining = true //---raining는 Boolean 형이다---
if raining {
    println("Raining now")
}
```

> **참고** Swift에서는 조건문을 괄호 쌍(())으로 묶을 필요 없다.

위 코드에서 raining은 Bool 값이므로 조건문에 그 변수명을 지정할 수 있다. 위 예제는 다음을 출력한다.

```
Raining now
```

또한 비교 연산자를 사용하여 명시적으로 비교할 수 있다.

```
if raining == true {
    println("Raining now")
}
```

C/C++은 If 문에 사용된 0이 아닌 값을 true로 간주한다. C에서 다음 코드를 생각해 보자.

```
//---C/C++에서---
int number = 1
if (number) {
    //---number는 0이 아니다---
}
```

위 예제에서 number는 0이 아니며(그 값은 1이다), 따라서 조건식은 true가 된다. Swift에서는 불린 변수(또는 상수)가 아닌 경우 명시적인 논리 비교가 없는 조건식은 허용하지 않는다.

```
var number = 1   //---number는 Int형이다---
if number {       //---Swift는 이를 허용하지 않는다---
    println("Number is non-zero")
}
```

이를 비교하기 위해서는 명시적으로 비교 연산자를 기술한다.

```
if number == 1 {
    println("Number is non-zero")
}
```

또한 C/C++에서 흔히 사용되는 것으로 조건식에 대입 연산자를 사용하는 경우가 있다.

```
//---C/C++에서---
if (number=5) { //---number는 0이 아니다---



}
```

> **참고** 조건식에 대입 연산자(=)를 사용하는 것은 C 프로그램에서 버그를 발생시키는 주요 원인 중 하나이다. 프로그래머들은 종종 실수로 비교 연산자(==)를 사용하는 대신에 대입 연산자를 사용하곤 한다. 그러므로 0이 아닌 값을 할당하는 한 그 조건식은 항상 true가 된다.

위 문장에서 값 5는 number에 할당되고 따라서 number는 0이 아닌 값을 가지므로 조건식은 true로 평가되고 If 문 안에 있는 블록이 실행된다. Swift에서는 이것을 허용하지 않는다.

```
if number = 5 { //---Swift에서는 허용하지 않는다---
    println("Number is non-zero")
}
```

이러한 제약은 개발자의 의도치 않은 행위를 막는 데 유용하다.

■ If-Else 문

If 문의 확장으로 If-Else 문이 있다. If-Else 문은 다음 문법을 가진다.

```
if condition {
    statement(s)
} else {
    statement(s)
}
```

Else 블록에 둘러싸인 문장들은 조건식이 false인 경우에 실행된다. If-Else 문 예제이다.

```
var temperatureInCelsius = 25
if (temperatureInCelsius>30) {
    println("This is hot!")
} else {
    println("This is cooling!")
}
```

위 코드는 온도(섭씨)를 확인하고 섭씨 30도보다 크면 "This is hot!"을 출력한다. 섭씨 30도와 같거나 보다 작으면 "This is cooling!" 문을 출력한다. 위 예제는 다음을 출력한다.

```
This is cooling!
```

또한 Else 블록은 다음 예제처럼 또 다른 If-Else 블록이 될 수 있다.

```
var temperatureInCelsius = 0
if temperatureInCelsius>30 {
    println("This is hot!")
} else if temperatureInCelsius>0 {
    println("This is cooling!")
} else {
    println("This is freezing!")
}
```

위 코드는 다음 문장을 출력한다.

```
This is freezing!
```

■ Switch 문

많은 수의 If-Else 문을 자주 찾게 될 것이다. 요일을 나타내는 정수를 가진 경우를 생각
해보자. 예를 들어 1은 월요일, 2는 화요일 등과 같이 표현한다고 해보자. 이때 If-Else
문을 사용한다면 너무 성가시고 코드는 더 복잡해질 것이다. 이를 위해 Switch 문을 사
용할 수 있다. Switch 문은 다음 문법을 가진다.

```
switch variable/constant {
    case value_1:
        statement(s)
    case value_2:
        statement(s)
    ...
        ...
    case value_n:
        statement(s)
    default:
        statement(s)
}
```

variable/constant의 값은 지정된 다양한 값들(value_1, value2, . . ., value_n)과 비교하는
데 사용된다. 값이 일치하면 그 값(case 키워드로 지정된) 다음의 문장들이 실행된다.
만약 일치하는 값이 없다면 default 키워드 다음에 명시된 문장들이 실행된다.

> **참고** C나 Objective-C(그 외 다른 프로그래밍 언어들도)와는 다르게 각 case 문 끝에
> Break 문을 명시할 필요 없다. case 블록 안의 문장들이 실행된 다음, 곧 바로 Switch 문
> 의 실행이 끝난다. C언어에서는 현재 case 이후의 문장들이 실행되기에 이를 막기 위해
> Break 문을 필요로 한다. 이 동작은 암시적 fallthrough로 알려져 있다. Swift에는 암시적
> fallthrough가 없다. case 블록이 실행되자마자 Switch 문은 끝난다.

모든 Switch 문은 반드시 완전해야 한다. 다시 말해서 비교할 값은 꼭 Switch 문의 여러
경우 중 하나와 일치해야 한다. 때때로 모든 경우의 목록을 만들 수 없기에 나머지 경
우와 일치시키기 위해 default 문을 사용해야 한다.

숫자와 비교

Switch 문의 일반적인 사용은 숫자와 비교하는 것이다. 다음 코드는 숫자를 요일로 변환하기 위한 Switch 문의 사용법을 보여준다.

```
var day = 6
var dayOfWeek: String
switch day {
    case 1:
        dayOfWeek = "Monday"
    case 2:
        dayOfWeek = "Tuesday"
    case 3:
        dayOfWeek = "Wednesday"
    case 4:
        dayOfWeek = "Thursday"
    case 5:
        dayOfWeek = "Friday"
    case 6:
        dayOfWeek = "Saturday"
    case 7:
        dayOfWeek = "Sunday"
    default:
        dayOfWeek = ""
}
println(dayOfWeek) //---Saturday를 출력한다---
```

day가 1부터 7까지의 수가 아니라면 기본 case와 일치하게 되고 dayOfWeek 변수는 빈 문자열로 설정될 것이다.

문자와 비교

Switch 문은 다음 코드가 보여주는 것처럼 문자와 비교하는 데도 사용할 수 있다.

```
var grade: Character
grade = "A"
switch grade {
    case "A", "B", "C", "D":
        println("Passed")
    case "F":
        println("Failed")
```

```
        default:
            println("Undefined")
    }
```

첫 번째 case는 grade가 "A", "B", "C", "D" 문자 중 하나인지 검사한다. 두 번째 case는 "F" 문자와 일치하는지 검사한다. 모두 실패하면 기본 case와 일치하게 된다.

Fallthrough

앞서 언급했듯이, Swift는 Switch 문에서 fallthrough를 지원하지 않는다. C/C++에 익숙하다면 다음 코드처럼 작성할 것이다.

```
var grade: Character
grade = "B"
switch grade {
    case "A":
    case "B":
    case "C":
    case "D":
        println("Passed")
    case "F":
        println("Failed")
    default:
        println("Undefined")
}
```

Swift에서는 이를 허용하지 않는다. Swift에서 각 case는 반드시 하나 이상의 실행문을 가져야 한다(주석은 실행문이 아니다). Swift에서 fallthrough 동작을 구현하려면 명시적으로 fallthrough 키워드를 사용해야 한다.

```
var grade: Character
grade = "A"
switch grade {
    case "A":
        fallthrough
    case "B":
        fallthrough
    case "C":
        fallthrough
    case "D":
```

```
            println("Passed")
        case "F":
            println("Failed")
        default:
            println("Undefined")
    }
```

이 예제에서는, 첫 번째 case ("A")와 일치하면 그 다음 case ("B")로 빠지고 다시 그 다음 case ("C")로 빠지고 마지막으로 case ("D")로 빠져 실행된다. 결국 Switch 문은 "Passed"를 출력하고 나서 끝난다.

Fallthrough는 때때로 유용하다. 평점을 확인하고 합격이나 불합격 메시지를 출력하는 것뿐만 아니라 평점에 따라 좀 더 자세한 메시지를 출력한다고 가정해보자. 다음과 같이 할 수 있다.

```
    var grade: Character
    grade = "A"
    switch grade {
        case "A":
            print("Excellent! ")
            fallthrough
        case "B":
            print("Well done! ")
            fallthrough
        case "C":
            print("Good! ")
            fallthrough
        case "D":
            println("You have passed.")
        case "F":
            println("Failed")
        default:
            println("Undefined")
    }
```

grade가 "A"이면 출력 메시지는 다음과 같을 것이다.

```
    Excellent! Well done! Good! You have passed.
```

grade가 "B"이면 출력 메시지는 이럴 것이다.

```
Well done! Good! You have passed.
```

숫자 범위 매칭

Switch 문을 사용하여 범위를 비교할 수도 있다. 다음 코드는 변수/상수의 값과 그 값이 속하는 범위를 어떻게 비교할 수 있는지를 보여준다.

```
var percentage = 85
switch percentage {
    case 0...20:
        println("Group 1")
    case 21...40:
        println("Group 2")
    case 41...60:
        println("Group 3")
    case 61...80:
        println("Group 4")
    case 81...100:
        println("Group 5")
    default:
        println("Invalid percentage")
}
```

위 코드는 다음 줄을 출력한다.

```
Group 5
```

> **참고** 비교할 숫자 범위가 꼭 정수일 필요는 없다. 부동 소수점 수도 지정할 수 있다.

닫힘 범위 연산자(...)는 비교할 수의 범위를 명시한다

튜플 매칭

Switch 문은 순차적 수 집합의 튜플을 사용할 수도 있다. 다음 튜플을 가지고 있다고 해보자.

```
//---(수학, 과학)---
var scores = (70,40)
```

scores 튜플은 수학과 과학 시험 점수를 각각 저장한다. Switch 문을 사용하여 각 과목의 점수를 동시에 검사할 수 있다. 다음 예제를 살펴보자.

```
switch scores {
    case (0,0):
        println("This is not good!")
    case (100,100):
        println("Perfect scores!")
    case (50...100, _):
        println("Math passed!")
    case (_, 50...100):
        println("Science passed!")
    default:
        println("Both failed!")
}
```

이 예제에서는, 두 과목이 모두 0점이면 첫 번째 case와 일치한다((0,0)). 두 과목이 모두 100점이면 두 번째 case와 일치한다((100,100)). 세 번째 case((50...100, _))는 수학 과목이 50점에서 100점 사이인 경우에만 일치한다. 여기서 밑줄(_)은 두 번째 과목(과학)의 어떤 값과도 일치한다. 네 번째 case는 수학은 어떤 값이든 상관없고 과학이 50점에서 100점 사이인지 검사한다.

만약 점수가 (70, 40)이면 "Math pass!"문을 출력할 것이다. 점수가 (40, 88)이면 "Science pass!"문을 출력할 것이다. 점수가 (30, 20)이면 "Both failed"문을 출력할 것이다.

> **참고** Swift는 case가 겹치는 경우를 허용한다. 즉, 하나 이상의 여러 case와 일치할 수도 있다. 이 경우에는 첫 번째로 일치하는 case가 항상 실행될 것이다.

값 바인딩

이전 절에서는 한 과목의 점수와 비교하고 다른 과목은 무시하는 두 개의 case를 가지고 예제를 실행해 보았다.

```
case (50...100, _):      //---과학을 무시한다---
case (_, 50...100):      //---수학을 무시한다---
```

하지만 만약 한 과목의 점수와 비교한 후 다른 과목의 점수를 얻길 원한다면 어떨까?
Swift의 Switch 문은 일치한 값(들)을 임시 변수나 상수에 연결하는 것을 허용해준다.
이를 **값 바인딩**이라고 한다.

이전 절에서 사용한 예제를 값 바인딩을 사용하여 수정할 수 있다.

```
//---(수학, 과학)---
var scores = (70,60)
switch scores {
    case (0,0):
        println("This is not good!")
    case (100,100):
        println("Perfect score!")
    case (50...100, let science):
        println("Math passed!")
        if science<50 {
            println("But Science failed!")
        } else {
            println("And Science passed too!")
        }
    case (let math, 50...100):
        println("Science passed!")
        if math<50 {
            println("But Math failed!")
        } else {
            println("And Math passed too!")
        }
    default:
        println("Both failed!")
}
```

> **참고** 위 예제에서 science와 math는 let 키워드를 사용해서 상수로 선언하였다. 하지만
> var 키워드를 사용하여 변수로도 선언할 수 있다. 변수로 선언하면 모든 변경 사항은 해당
> case 내에서만 적용될 것이다.

세 번째 case 문에서 수학 과목의 점수를 비교하고서 과학 점수를 science 상수(let 키워드로 선언되었기에)에 할당한다.

```
case (50...100, let science):
    println("Math passed!")
    if science<50 {
        println("But Science failed!")
    } else {
        println("And Science passed too!")
    }
```

그러고서 과목의 합격 여부를 결정하기 위해 science 변수를 사용할 수 있다.

마찬가지로, 네 번째 case 문도 동일하게 할 수 있다.

```
case (let math, 50...100):
    println("Science passed!")
    if math<50 {
        println("But Math failed!")
    } else {
        println("And Math passed too!")
    }
```

기본 case를 제거하고 어떤 값이든 일치하는 case로 대체할 수도 있다.

```
//---(수학, 과학)---
var scores = (30,20)
switch scores {
    case (0,0):
        println("This is not good!")
    case (100,100):
        println("Perfect score!")
    case (50...100, let science):
        println("Math passed!")
        if science<50 {
            println("But Science failed!")
        } else {
            println("And Science passed too!")
        }
    case (let math, 50...100):
        println("Science passed!")
        if math<50 {
```

```
        println("But Math failed!")
    } else {
        println("And Math passed too!")
    }

/* default:
        println("Both failed!")
*/
case (let math, let science):
    println("Math is ₩(math) and Science is ₩(science)")
}
```

위 코드는 다음을 출력할 것이다.

```
Math is 30 and Science is 20
```

let 키워드를 두 번 사용해 두 변수를 만들어서

```
case (let math, let science):
```

이와 비슷하게 다시 작성할 수 있다.

```
case let (math, science):
    println("Math is ₩(math) and Science is ₩(science)")
```

■ Where 절

추가적인 조건을 검사하기 위해 Switch 문에 **where** 절을 함께 사용할 수 있다. 예를 들어, 두 과목의 점수가 모두 80점보다 큰지 검사하려면 다음 case를 작성할 수 있다.

```
//---(수학, 과학)---
var scores = (90,90)
switch scores {
    case (0,0):
        println("This is not good!")
    case (100,100):
        println("Perfect score!")
    case let (math, science) where math > 80 && science > 80:
        println("Well done!")
    case (50...100, let science):
```

```
            println("Math pass!")
            if science<50 {
                println("But Science fail!")
            } else {
                println("And Science also pass!")
            }
    case (let math, 50...100):
            println("Science pass!")
            if math<50 {
                println("But Math fail!")
            } else {
                println("And Math also pass!")
            }
    case let (math, science):
            println("Math is ₩(math) and Science is ₩(science)")
    }
```

위 코드에서 세 번째 case는 수학과 과학 과목의 점수를 임시 상수 math와 science에 각각 할당하고, where 절을 사용하여 수학과 과학 모두 반드시 80점보다 커야 한다는 조건식을 명시하였다. 위 예제는 다음 문장을 출력할 것이다.

```
Well done!
```

수학 점수가 과학 점수보다 큰 경우에 일치하는 것이 필요하다면 다음 where 절을 명시할 수 있다.

```
case let (math, science) where math > science:
    println("You have done well for Math!")
```

반복문

실행문을 반복적으로 수행할 수 있는 기능은 프로그래밍 언어의 가장 유용한 기능 중 하나이다. Swift는 다음 루프문들을 제공한다.

- For-In

- For

- While

- Do–While

■ For-In 루프

Swift는 For-In 루프라고 알려진 새로운 루프문을 제공한다. For-In 루프는 숫자 범위나 컬렉션(배열이나 딕셔너리와 같은)의 항목들을 반복한다.

다음 코드는 For-In 루프를 사용하여 0부터 9까지 수를 출력한다.

```
for i in 0...9 {
    println(i)
}
```

닫힘 범위 연산자(...)는 0부터 9까지(포함)의 숫자 범위를 정의한다. i는 첫 번째 반복에서 그 값이 최초로 0으로 설정되는 상수이다. For-In 루프({}와 정의된)의 문장들을 실행하고 난 후에 i의 값은 1씩 증가한다. i는 상수이기 때문에 이처럼 그 값을 루프 안에서 변경할 수 없다.

```
for i in 0...9 {
    i++  //---i는 상수이기 때문에 허용되지 않는다---
    println(i)
}
```

다음과 같이 For-In 루프를 유니코드의 문자를 출력하는 데 사용할 수도 있다.

```
for c in 65 ... 90 {
    println(Character(UnicodeScalar(c)))  //---'A'에서 'Z'까지의 문자를 출력
                                          한다---
}
```

UnicodeScaler는 유니코드 문자를 나타내는 숫자를 받는 이니셜라이저를 가진 구조체이다. 그 값을 Character형으로 바꾼다.

For-In 루프 안에 For-In 루프를 중첩할 수 있다.

```
//---중첩 루프---
for i in 1...10{
```

```
    for j in 1...10 {
        println("\(i) x \(j) = \(i*j)")
    }
    println("=============")
}
```

위 코드는 1부터 10까지의 곱셈표를 출력한다.

```
1 x 1 = 1
1 x 2 = 2
1 x 3 = 3
1 x 4 = 4
1 x 5 = 5
1 x 6 = 6
1 x 7 = 7
1 x 8 = 8
1 x 9 = 9
1 x 10 = 10
=============
2 x 1 = 2
2 x 2 = 4
2 x 3 = 6
2 x 4 = 8
2 x 5 = 10
2 x 6 = 12
2 x 7 = 14
2 x 8 = 16
2 x 9 = 18
2 x 10 = 20
=============
3 x 1 = 3
3 x 2 = 6
3 x 3 = 9
...
```

각 반복의 값과 상관없이 단순히 정해진 횟수만큼 수행한다면 상수 위치에 밑줄(_)을 사용하여 반복할 수 있다.

```
//---*를 5번 출력한다---
for _ in 1...5 {
    print("*")  //---*****를 출력한다---
}
```

위 코드는 *를 다섯 번 출력한다.

다음과 같이 For-In 루프는 배열에도 사용할 수 있다.

```
var fruits = ["apple", "pineapple", "orange", "durian", "guava"]
for f in fruits {
    println(f)
}
```

위 예제는 fruits 배열 안에 포함된 다섯 항목을 반복하여 출력한다.

```
apple
pineapple
orange
durian
guava
```

다음 예제처럼 딕셔너리도 반복할 수 있다.

```
var courses = [
   "IOS101": "Foundation of iPhone Programming",
   "AND101": "Foundation of Android Programming",
   "WNP101": "Foundation of Windows Phone Programming"
]

for (id, title) in courses {
   println("₩(id) - ₩(title)")
}
```

위 코드는 다음을 출력한다.

```
IOS101 - Foundation of iPhone Programming
AND101 - Foundation of Android Programming
WNP101 - Foundation of Windows Phone Programming
```

또한 다음과 같이 문자열을 반복하여 각 문자를 추출할 수 있다.

```
var str = "Swift Programming"
for c in str {
   println(c)
}
```

위 코드에서 루프가 반복될 때마다 문자열의 각 문자가 c에 할당된다. 출력은 다음과 같다.

```
S
w
i
f
t

P
r
o
g
r
a
m
m
i
n
g
```

■ 전통적 방식의 For 루프

Swift는 C의 For 루프도 제공한다. 다음과 같은 문법을 사용한다.

```
for initialization; condition; increment/decrement {
    statement(s)
}
```

> **참고** Swift에서는 전통적인 C와 달리 initialization; condition; increment/decrement 블록을 괄호 쌍(())으로 감쌀 필요가 없다.

다음 코드는 0부터 4까지의 수를 출력한다.

```
//---0부터 4까지 출력한다---
for var i = 0; i<5; i++ {
    println(i)
}
```

참고 초깃값 지정자는 반드시 상수가 아닌 변수여야 한다. 그 값은 루프가 반복할 동안 변경 되야 하기 때문이다.

루프가 시작될 때 i는 0으로 초기화되고 그 값은 5보다 작은지 확인하기 위해 사용된다. 만약 그 결과가 true로 평가되면 i의 값이 출력된다. false로 평가되면 For 루프는 끝나게 될 것이다. For 루프 안의 모든 문장이 실행된 후에 i의 값이 1 증가한다. 그러고서 i가 5보다 작은지 검사하여 그 값이 true이면 루프를 계속 진행한다.

변수 i는 For 루프 생성문에서 정의되었기에 루프가 끝난 후에는 접근할 수 없다.

```
//---0부터 4까지 출력한다---
for var i = 0; i<5; i++ {
    println(i)
}
println(i)    //---i는 정의되지 않았다---
```

i를 루프 이후에도 보이게 하려면 루프에 사용하기 전에 먼저 그 변수를 만든다.

```
//---0부터 4까지 출력한다---
var i:Int
for i = 0; i<5; i++ {
    println(i)
}
println(i)    //--5---
```

i의 값을 초기화 없이 정의하려면 그 자료형을 명시해야 한다. 위 예제는 i의 값을 초기화하고 For 루프에서 초기화 부분을 생략하여 다시 작성할 수도 있다.

```
//---0부터 4까지 출력한다---
var i = 0
for ; i<5; i++ {  //---초기화 부분을 생략할 수 있다---
    println(i)
}
println(i) //-5---
```

또한 역순으로 셀 수도 있다. 다음 코드는 5에서 1까지 수를 출력한다.

```
//---5에서 1까지 출력한다---
for var i = 5; i>0; i--- {
    println(i)
}
```

배열을 반복하기 위해 Swift의 enumerate() 함수를 사용할 수 있다. enumerate() 함수는 배열 각 요소의 인덱스와 값을 가진 튜플을 반환한다.

```
let names = ["Mary", "Chloe", "Margaret", "Ryan"]
for (index, value) in enumerate(names) {
    println("names[₩(index)] - ₩(value)")
}
```

위 코드는 다음을 출력한다.

```
names[0] - Mary
names[1] - Chloe
names[2] - Margaret
names[3] - Ryan
```

■ While 루프

Swift는 For 루프 외에도 While 루프를 제공한다. While 루프는 지정 조건이 true인 한 반복적으로 문장 블록을 수행한다.

```
while condition {
    statement(s)
}
```

다음 코드는 0부터 4까지의 수열을 출력한다.

```
var index = 0
while index<5 {
    println(index++)
}
```

While 루프는 첫 번째 반복을 시작하기 전에 index 값을 검사한다. 그 값이 5보다 작으면 루프에 진입하고 그 안의 문장들을 실행할 것이다. 블록 내에서 index 값은 화면에 출력된 후에 증가한다. 그러고서 다시 조건이 true인지 검사한다. 평가 결과가 true인 한 루프는 반복된다. 마침내 index가 5가 되면 While 루프는 끝난다.

이전 절에서 소개된 For 루프는 항목의 집합(배열이나 딕셔너리와 같은)을 반복하거나 사전에 코드 블록을 몇 번 반복하는지 알고 있는 상황에 적합하다. 코드 블록을 정확히 몇 번 실행하는지 확실하지 않은 상황에서는 While 루프가 좀 더 적합할 것이다.

숫자를 2로 몇 번 나누어야 하는지 확인하는 문제를 생각해보자. 예를 들어, 4를 2로 나눈 횟수는 2이다.

$$4/2 = 2 \ (1 \ time)$$
$$2/2 = 1 \ (2 \ times)$$

또 다른 예제를 생각해보자. 14를 2로 나눈 횟수는 3이다.

$$14/2 = 7 \ (1 \ time)$$
$$7/2 = 3 \ (2 \ times)$$
$$3/2 = 1 \ (3 \ times)$$

이러한 상황에서 루프를 사용하여 숫자를 2로 나눈 횟수를 계산할 수 있다. 숫자가 1보다 크면 그 숫자를 계속 나눈다. 그러나 숫자가 1일때까지 반복해야 할 루프의 수를 알지 못하기 때문에 While 루프를 사용하는 것이 좀 더 낫고 또 명확할 것이다. 위 문제는 다음 코드와 같이 해결할 수 있다.

```
var counter = 0
var num = 32
while num > 1 {
    counter++
    num /= 2
}
println("The number is ₩(counter) times divisible by 2")
```

위 예제는 다음을 출력한다.

```
The number is 5 times divisible by 2
```

■ Do-While 루프

While 루프의 변형으로 Do-While 루프가 있다. Do-While 루프는 다음 문법을 따른다.

```
do {
    statement(s)
} while condition
```

다음 코드는 0부터 4까지의 수열을 출력한다.

```
index = 0
do {
    println(index++)
} while (index<5)
```

Do-While은 루프를 계속 진행할지 결정하기 위한 조건식을 검사하기 전에 먼저 중괄호 쌍({})에 의해 둘러싸인 블록을 수행한다. 조건식이 true이면 루프는 계속되고, false이면 루프를 빠져 나온다.

> **참고** While 루프와 Do-While 루프의 중요한 차이점은 Do-While 루프 안의 문장들은 최소한 한 번은 실행된다는 것이다. 이것은 Do-While의 조건식이 블록의 끝에서 평가되기 때문이다.

■ 제어 이동문

지금까지 실행 코드를 반복하기 위해 For 루프와 While 루프를 사용하는 것을 보았다. 루프에 명시된 조건식이 참인 한 코드 블록은 실행된다. 때때로 코드가 실행되는 순서를 바꿔야 할 때가 있다. Break나 Continue **제어 이동문**을 사용하여 그렇게 할 수 있다.

Break 문

다음 상황을 생각해보자. 어떤 문자열을 가지고 있으며 첫 번째로 나타나는 문자 a의 인덱스를 얻기 원한다. 예를 들면, 문자열 "This is a string"에서 문자 "a"의 인덱스는 8이다. 다음 코드를 사용하여 이러한 문제를 해결할 수 있다.

```
var c:Character
var found = false
var index = 0
for c in "This is a string" {
    if c != "a" && !found {
        index++
    } else {
        found = true
    }
}
println("Position of 'a' is ₩(index)")
```

위 코드에서 문자열 전체를 반복하며 각 문자를 검사한다. 만약 찾고 있는 문자가 아니면 인덱스가 증가해 계속 검색한다. 해당 문자를 발견하자마자 found 불린 변수는 true로 설정되고 인덱스는 더 이상 증가하지 않을 것이다. 이 코드의 아랫부분은 원하는 문자를 찾은 후에도 여전히 문자열의 끝까지 각 문자를 반복할 것이다. Break 문을 사용하여 이 코드를 개선하면 다음과 유사할 것이다.

```
var c:Character
var index = 0
for c in "This is a string" {
    if c == "a" {
        break
    }
    index++
}
println("Position of 'a' is ₩(index)")
```

찾는 문자가 발견되는 순간 루프의 끝으로 이동하기 위해 Break 문을 사용한다. 이는 이전 해결책보다 매우 효율적이다. 루프(For, While, Do-While) 안에서 Break 문을 사용하면 그 실행 흐름은 닫기 괄호(}) 다음의 첫 번째 코드로 이동한다.

Break 문은 Switch 문에서 사용할 때도 유용하다. 이 장 초반에 보았던 Switch 문을 다시 떠올려보자.

```
var percentage = 85
switch percentage {
    case 0...20:
        println("Group 1")
    case 21...40:
```

```
        println("Group 2")
    case 41...60:
        println("Group 3")
    case 61...80:
        println("Group 4")
    case 81...100:
        println("Group 5")
    default:
        println("Invalid percentage")
}
```

종종 특정한 경우에는 아무것도 하지 않는 것이 필요할 수도 있다. 이 예제에서 예를 들면, 퍼센트가 0에서 100 사이의 범위를 넘어버리면 아무것도 출력하지 말아야 할 것이다. 하지만 다음과 같이 단순히 case 문을 비워둘 수는 없다.

```
var percentage = 85
switch percentage {
    case 0...20:
        println("Group 1")
    case 21...40:
        println("Group 2")
    case 41...60:
        println("Group 3")
    case 61...80:
        println("Group 4")
    case 81...100:
        println("Group 5")
    default:
        //---각 case는 반드시 실행문을 가져야 한다
        // 이와 같은 주석은 실행문으로 치지 않는다---
}
```

Switch 문의 각 case는 반드시 실행문을 가져야 한다. 따라서 다음과 같이 Break 문을 사용해야 한다.

```
var percentage = 85
switch percentage {
    case 0...20:
        println("Group 1")
    case 21...40:
        println("Group 2")
    case 41...60:
```

```
            println("Group 3")
        case 61...80:
            println("Group 4")
        case 81...100:
            println("Group 5")
        default:
            break
    }
```

위 Break 문은 Switch 문의 실행을 끝낼 것이다.

Continue 문

루프에서 사용할 수 있는 또 다른 제어 이동문은 Continue이다. 기본적으로 Continue 문은 루프 안의 나머지 문장을 실행하지 않고 다음 반복을 진행한다.

문자열에서 공백을 제외한 문자의 수를 세는 경우를 생각해보자. 다음 코드는 Continue 문을 사용하여 이를 어떻게 완료할 수 있는지 보여준다.

```
//---문자의 수를 센다 (공백 제외)---
var c:Character
var count = 0
for c in "This is a string" {
    if c == " " {
        continue
    }
    count++
}
println("Number of characters is \(count)")
```

위 코드에서 공백 문자를 만나면 Continue 문이 루프의 다음 반복으로 실행을 이동시킨다. 효과적으로 count 변수가 증가하는 문장을 건너뛴다. 위 코드는 다음을 출력할 것이다.

```
Number of characters is 13
```

라벨문

Break 문이나 Continue 문이 루프에서 빠져 나오거나 다음 반복을 진행할 수 있도록 해주지만, 중첩 루프를 가지고 있다면 좀 더 복잡해진다. 다음 예제를 살펴보자.

```
var i = 0
while i<3 {
    i++
    var j = 0
    while j<3 {
        j++
        println("(₩(i),₩(j))")
    }
}
```

위 코드는 중첩된 두 개의 While 루프를 가지고 있다. 이는 다음과 같이 출력한다.

```
(1,1)
(1,2)
(1,3)
(2,1)
(2,2)
(2,3)
(3,1)
(3,2)
(3,3)
```

여기서 보는 것처럼 내부 루프에서 break를 수행한다면 어떻게 될까?

```
var i = 0
while i<3 {
    i++
    var j = 0
    while j<3 {
        j++
        println("(₩(i),₩(j))")
        break
    }
}
```

이 경우에 컴파일러는 내부 루프에서 빠져 나오려 한다고 가정할 것이다. 따라서 위 코드는 다음을 출력할 것이다.

```
(1,1)
(2,1)
(3,1)
```

만약 외부 루프에서 빠져 나오길 원한다면? 이 경우에는 외부 While 루프 앞에 라벨을 추가할 수 있다.

```
var i = 0
outerLoop: while i<3 {
    i++
    var j = 0
    while j<3 {
        j++
        println("(\(i),\(j))")
        break outerLoop //---외부 While 루프를 빠져 나온다---
    }
}
```

라벨(outerLoop)을 붙여 명시적으로 빠져 나오려는 While 루프를 지정할 수 있다. 위 코드는 이 줄을 출력한다.

```
(1,1)
```

continue 키워드와 함께 라벨문을 사용할 수도 있다.

```
var i = 0
outerLoop: while i<3 {
    i++
    var j = 0
    while j<3 {
        j++
        println("(\(i),\(j))")
        continue outerLoop //---외부 While 루프의 다음 반복을 진행한다---
    }
}
```

위 코드는 다음 줄을 출력한다.

```
(1,1)
(2,1)
(3,1)
```

요약

이 장은 If-Else 문과 Switch 문을 사용하여 조건을 판단하는 법을 보여준다. 그리고 Swift는 C의 Switch 문에 비해 훨씬 강력한 Switch 문을 가지고 있다는 것을 살펴보았다. 게다가 For 루프, While 루프, Do-While 루프를 사용하여 반복을 수행하는 법도 살펴보았다.

연습 문제

1. 피보나치 수는 다음 순서를 갖는 수열이다.

   1,1,2,3,5,8,13,21,34,55,89,144,...

   피보나치 수열을 출력하는 코드를 작성한다.

2. 수학에서 둘 이상의 정수에 대한 GCD(최대공약수)는 그 수들을 나머지 없이 나눌 수 있는 가장 큰 양수이다. 예를 들어, 8과 12의 GCD는 4이다. 두 정수의 GCD를 계산하는 Swift 함수를 작성한다.

3. 소수는 1과 자신 외에는 약수가 없는 1보다 큰 자연수이다. 2부터 1000까지의 소수 목록을 출력하는 Swift 함수를 작성한다.

   ```
   2 is prime
   3 is prime
   5 is prime
   7 is prime
   11 is prime
   13 is prime
   17 is prime
   19 is prime
   23 is prime
   29 is prime
   31 is prime
   37 is prime
   41 is prime
   ...
   ```

• 이 장에서 배운 것

주제	핵심 개념
조건 판단	If-Else 문을 사용한다.
복수 조건 판단	Switch 문을 사용한다.
Fallthrough	Swift는 기본적으로 fallthrough를 지원하지 않는다. 하지만 `fallthrough` 키워드를 사용하여 명시적으로 fallthrough을 시작할 수 있다.
반복문 종류	For-In, For, While, Do-While
제어 이동문	Break 문을 사용하면 루프를 빠져 나온다. Continue 문을 사용하면 즉시 루프의 다음 반복을 진행한다.
라벨문	루프에서 빠져 나오거나 계속 진행할 곳을 지정할 수 있다.

08

구조체와 클래스

객체지향 프로그래밍(OOP)은 Swift 프로그래밍에서 가장 중요한 기능 중 하나이다. 구조체와 클래스는 OOP를 지원하는 데 중요한 역할을 한다. Swift에서 구조체와 클래스는 많은 유사점을 가지고 있으며 클래스에 적용되는 많은 개념들이 구조체에도 적용된다.

이 장에서는 구조체와 클래스를 정의하고 사용하는 법을 배울 것이다. 구조체와 클래스에서 다양한 타입의 프로퍼티를 정의하는 법과 메소드를 정의하는 법도 배울 것이다. 이 장을 끝마치면 Swift에서 구조체와 클래스가 어떻게 작동하는지 확실히 이해할 수 있을 것이다.

구조체

구조체는 변수의 목록을 그룹화하여 그것을 통합된 이름 아래에 둔 특수한 형태의 자료형이다. 구조체 안에 포함된 변수의 그룹은 다양한 자료형을 가질 것이다. 구조체는 관련된 자료 그룹을 저장할 때 유용하다. 예를 들어, 바둑 게임을 구현하는 상황을 생각해보자. 그림 8-1은 바둑판의 배열을 보여준다. 일반적인 바둑 게임은 19×19 줄의 격자가 있고, 경기자는 그 줄들의 교차점에 돌이라고 부르는 표식을 놓는다. 바둑판에 놓인 돌을 표현하기 위해 row와 column 이라는 두 변수를 가진 구조체를 사용할 수 있다.

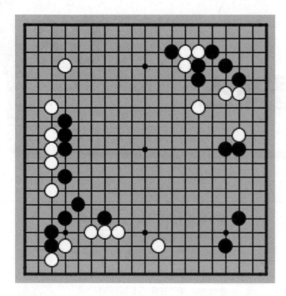

그림 8-1

다음 코드는 Go라는 이름의 구조체를 정의한다.

```
struct Go {
    var row = 0         //---0...18---
    var column = 0      //---0...18---
}
```

구조체명은 대문자 카멜 표기법(UpperCamelCase)(예, CustomerAddress, Employ
eeCred ential 등)를 사용하는 것을 추천한다.[1]

Go 구조체는 각각 0(기본값)으로 초기화되는 row와 column이라는 두 프로퍼티를 가
지고 있다. Go 구조체의 인스턴스를 만들기 위해서는 구조체의 기본 이니셜라이저 문
법을 사용한다.

```
var stone1 = Go()
```

위 코드는 Go 구조체의 인스턴스를 만든다. 인스턴스명은 stone1이다. row와

---

1 **역주**: 대문자 카멜 표기법(UpperCamelCase)은 이름의 첫 글자를 대문자로 시작하고, 단어의 구분마다 띄어쓰
기 대신 대문자를 사용한다.

column 프로퍼티는 둘 다 기본적으로 0으로 초기화된다.

```
println(stone1.row)          //---0---
println(stone1.column)       //---0---
```

점 (.) 문법을 사용하여 프로퍼티에 접근한다. 프로퍼티의 값에 접근할 수 있는 것처럼 그 값을 변경할 수도 있다.

```
stone1.row = 12              //---row를 12로 변경한다---
stone1.column = 16           //---column을 16으로 변경한다---
```

■ 멤버 이니셜라이저

구조체가 기본값이 없는 프로퍼티를 가지고 있다면 기본 이니셜라이저 문법을 사용할 수 없다. 다시 말해서, row나 column의 값이 특정 기본값으로 초기화되지 않았다면 다음 문장은 실패할 것이다.

```
struct Go {
    var row:Int              //---기본값 없음---
    var column:Int           //---기본값 없음---
}

var stone1 = Go()            //---오류---
```

이를 수정하기 위해, 구조체 생성 시에 특정 값으로 프로퍼티를 초기화하는 **멤버 이니셜라이저**(구조체를 정의할 때 자동으로 생성됨)를 사용할 수 있다.

```
var stone1 = Go(row:12, column:16)
```

위 예제에서는 Go 구조체의 인스턴스를 만들 때 row와 column 값도 함께 설정할 수 있다.

계속해서 Go 예제를 보면, 바둑판에 놓인 돌은 검정이거나 흰색이다. 그러므로 StoneColor라는 새로운 열거형을 정의하여 Go 구조체에 color 프로퍼티를 추가할 수 있다.

```swift
enum StoneColor:String {
    case Black = "Black"
    case White = "White"
}

struct Go {
    var row: Int            //---0...18---
    var column: Int         //---0...18---
    var color:StoneColor
}
```

> **참고** 열거형은 2장에서 자세히 다뤘다.

color 프로퍼티는 StoneColor형의 열거형이다. 다시 멤버 이니셜라이저를 사용하여 Go 구조체의 인스턴스를 만든다.

```swift
var stone1 = Go(row:12, column:16, color:StoneColor.Black)
```

■ 구조체 값 타입

구조체는 값 타입이다. 즉, 값 타입의 변수/상수를 다른 변수/상수에 할당할 때 그 값이 복사되어 전달된다. 다음 예제를 살펴보자.

```swift
var stone1 = Go(row:12, column:16, color:StoneColor.Black)
var stone2 = stone1

println("---Stone1---")
println(stone1.row)
println(stone1.column)
println(stone1.color.rawValue)
println("---Stone2---")
println(stone2.row)
println(stone2.column)
println(stone2.color.rawValue)
```

위 코드에서 stone1은 stone2에 할당된다. 따라서 이제 stone2는 stone1과 같은 값을 가질 것이다. 이것은 위 코드에 의해 출력된 값을 보면 분명하다.

```
---Stone1---
12
16
Black
---Stone2---
12
16
Black
```

stone2의 값이 stone1의 값으로부터 독립적임을 증명하기 위해 stone1의 값을 다음처럼 수정한다.

```
stone1.row = 6
stone1.column = 7
stone1.color = StoneColor.White
```

다시 두 돌의 값을 출력한다.

```
println("===After modifications===")
println("---Stone1---")
println(stone1.row)
println(stone1.column)
println(stone1.color.rawValue)

println("---Stone2---")
println(stone2.row)
println(stone2.column)
println(stone2.color.rawValue)
```

위 문장은 다음을 출력하여 두 돌의 값이 서로 독립적임을 보여준다.

```
===After modifications===
---Stone1---
6
7
White
---Stone2---
12
16
Black
```

■ 구조체 비교

두 구조체를 == 연산자를 사용하여 비교할 수 없다. 이것은 컴파일러가 두 구조체가 같다는 것의 정의를 알지 못하기 때문이다. 따라서 ==와 != 연산자의 기본 의미를 오버로딩(overloding)해야 할 것이다.

```swift
func == (stone1: Go, stone2: Go) -> Bool {
    return (stone1.row == stone2.row) &&
           (stone1.column == stone2.column) &&
           (stone1.color == stone2.color)
}

func != (stone1: Go, stone2: Go) -> Bool {
    return !(stone1 == stone2)
}
```

기본적으로 위 두 함수는 == 연산자와 != 연산자를 오버로딩하고 있다. 각 함수는 두 개의 Go 인스턴스를 받아 Bool 값을 반환한다. 두 인스턴스는 각 인스턴스의 row, column, color 프로퍼티가 다른 인스턴스와 같다면 동일하다고 여겨진다.

이제 stone1과 stone2가 같은 값인지 검사하기 위해 == 연산자를 사용할 수 있다.

```swift
var stone1 = Go(row:12, column:16, color:StoneColor.Black)
var stone2 = Go(row:12, column:16, color:StoneColor.Black)

if stone1 == stone2 {
    println("Same!")
} else {
    println("Different!")
}
```

위 코드는 다음을 출력할 것이다.

```
Same!
```

클래스

클래스는 구조체와 상당히 유사하다. 클래스도 구조체처럼 값을 저장하는 프로퍼티를 정의하고, 프로퍼티의 값을 초기화하는 이니셜라이저를 가진다. 그러나 클래스는 구조체에 없는 추가적인 기능을 가지고 있다. 예를 들어, 클래스는 다른 클래스의 특성을 물려받을 수 있게 해주는 상속을 사용할 수 있다. 또한 클래스의 인스턴스가 소멸될 때 자원을 반환하는 소멸자(de-initializer)를 사용할 수 있다. 이 절에서는 클래스의 기초와 구조체에도 적용 가능한 기능 일부를 배울 것이다.

> **참고** 9장에서 클래스 상속에 대해 다룬다.

■ 클래스 정의

class 키워드를 사용하여 클래스를 정의할 수 있다.

```
class ClassName {

}
```

다음은 이 예제이다.

```
class MyPointClass {

}
```

위 코드는 MyPointClass라는 클래스를 정의한다. 클래스의 이름을 지을 때는 대문자 카멜 표기법(예, MyPointClass, EmployeeInfo, CustomerDetails 등)의 사용을 추천한다. Objective-C와 Swift 사이의 중요한 차이점은 Swift에서는 클래스를 선언하는 파일 하나와 클래스를 구현하는 또 다른 파일이 따로 따로 필요치 않다는 것이다. 파일 하나로 선언과 구현을 모두 처리한다.

클래스의 인스턴스를 만들려면 클래스명 뒤에 괄호 쌍(())을 붙이고 그것을 변수나 상수에 할당한다.

```
var ptA = MyPointClass()
```

■ 프로퍼티

클래스도 구조체와 마찬가지로 프로퍼티를 가진다. Swift에는 두 가지 종류의 프로퍼티
가 있다.

- **저장 프로퍼티**(Stored property) — 클래스나 구조체의 인스턴스 안에 저장된 상수나
  변수이다. 클래스나 구조체 안에 변수나 상수를 선언하면 그것이 바로 저장 프로퍼
  티이다.

- **계산 프로퍼티**(Computed property) — 이것은 값을 계산하고 일반적으로 값을 반환
  한다. 또한 간접적으로 다른 프로퍼티의 값을 선택하여 저장할 수 있다.

저장 프로퍼티

일반 변수나 상수처럼 선언하여 저장 프로퍼티를 클래스에 추가한다.

```
class MyPointClass {
    var x = 0.0          //---변수---
    var y = 0.0          //---변수---
    let width = 2        //---상수---
}
```

위 코드는 MyPointClass에 두 변수 x, y(Double 프로퍼티)를 추가하고 상수
width(Int 프로퍼티)를 추가한다. Swift에서 클래스에 저장된 상수와 변수는 저장 프
로퍼티로 알려져 있다. 구조체와 마찬가지로 **저장 프로퍼티**는 기본값을 가질 수 있다.

클래스의 저장 프로퍼티에 접근하려면 점 표기법(.)을 사용하여 다음과 같이 개별 프
로퍼티에 접근하면 된다.

```
var ptA = MyPointClass()

//---프로퍼티에 값을 할당한다---
ptA.x = 25.0
ptA.y = 50.0
```

```
//---프로퍼티에서 값을 가져온다---
println(ptA.x)          //---25.0---
println(ptA.y)          //---50.0---
println(ptA.width)      //---2---
```

> **참고** 구조체도 저장 프로퍼티를 지원한다.

프로퍼티와 멤버 변수

C#과 Objective-C와 같은 다른 언어에서 프로퍼티는 클래스 사용자가 접근할 수 있는 공개 변수이다. 클래스 내부적으로 멤버 변수에 이러한 프로퍼티의 값을 저장할 것이다. Swift에서는 이러한 것이 필요 없다. Swift는 프로퍼티에 단일한 접근 방식을 제공한다. 그냥 클래스에 선언된 프로퍼티를 제어하면 된다. 값을 저장하기 위해 별도의 인스턴스 멤버 변수가 필요치 않다.

지연 저장 프로퍼티

때때로 클래스 자체에 다른 클래스를 참조하는 프로퍼티를 포함하는 경우가 있을 것이다. 다음 예제를 생각해보자.

```
class PointMath {
    //---점과 관련된 거리를 계산하는 메소드를 포함한다---
    var someValue = 1.2345
}

class MyPointClass {
    var x = 0.0
    var y = 0.0
    let width = 2
    var pointMath = PointMath()
}
```

여기서 MyPointClass 클래스는 PointMath형의 프로퍼티를 가진다. 기본적으로 MyPoi ntClass의 인스턴스를 만들면 PointMath 클래스도 인스턴스가 만들어질 것이다. PointMath 클래스가 만약 인스턴스화 하는데 오랜 시간이 걸리는 메소드를 가지고 있다면, MyPointClass 객체를 만드는데 모든 시간을 소비하게 될 것이다.

이러한 경우에 lazy 키워드를 사용하여 프로퍼티를 **지연 저장 프로퍼티**로 표시할 수 있다.

```
class MyPointClass {
    var x = 0.0
    var y = 0.0
    let width = 2
    lazy var pointMath = PointMath()
}
```

pointMath 프로퍼티가 지연 저장 프로퍼티로 지정되면 MyPointClass가 인스턴스화될 때 함께 인스턴스화되지 않을 것이다. 대신에 pointMath 프로퍼티에 접근할 때만 인스턴스화될 것이다.

```
println(ptA.pointMath.someValue) //---1.2345---
```

> **참고** 지연 저장 변수는 항상 var 키워드를 사용하여 선언해야 한다(let 키워드를 사용하여 상수로 선언하지 않는다). 이것은 지연 저장 프로퍼티의 값을 최초로 사용되기 전까지 모르기 때문이다.

계산 프로퍼티

저장 프로퍼티가 실제 값을 저장하는데 반해 **계산 프로퍼티**는 그렇지 않다. 계산 프로퍼티는 다른 프로퍼티의 값을 설정하거나 가져오게끔 해준다. 이것을 이해하는 최선의 방법은 예제를 보는 것이다.

앞서와 같은 MyPointClass 클래스를 이용하여 newPosition이라는 추가적인 계산 프로퍼티를 가진다.

```
class MyPointClass {
    var x = 0.0
    var y = 0.0
```

```
    let width = 2
    lazy var pointMath = PointMath()

var newPosition:(Double, Double) {
    get {
        return (x, y)
    }
    set (position) {          //---position은 튜플이다---
        x = position.0        //---x---
        y = position.1        //---y---
    }
}
}
```

newPosition 프로퍼티는 계산 프로퍼티이다. 이것은 두 개의 Double 값을 포함한 튜플을 받아 반환한다. newPosition 프로퍼티를 사용하기 위해 튜플을 할당할 수 있다.

```
var ptB = MyPointClass()

//---튜플을 newPosition 프로퍼티에 할당한다---
ptB.newPosition = (10.0,15.0)

println(ptB.x) //---10.0---
println(ptB.y) //---15.0---
```

이 프로퍼티에 값을 할당하면 set(**세터**) 블록의 코드가 실행된다.

```
set (position) {        //---position은 튜플이다---
    x = position.0
    y = position.1
}
```

여기서 position은 방금 할당된((10.0,15.0)) 튜플을 나타낸다. position.0은 튜플의 첫 번째 값(10.0)을 나타내고 position.1은 튜플의 두 번째 값(15.0)을 나타낸다. 이들 값을 각각 프로퍼티 x와 y에 할당한다.

다음과 같이 newPosition 프로퍼티에 접근을 시도하면,

```
var position = ptB.newPosition
println(position.0)  //---10.0---
println(position.1)  //---15.0---
```

get(**게터**) 블록의 코드가 실행될 것이다.

```
get {
    return (x, y)
}
```

이 경우에는 튜플을 사용하여 x와 y 값을 반환한다. newPosition 프로퍼티는 그 자
체에는 어떤 값도 저장하지 않고 오히려 다른 프로퍼티에 자신에게 할당된 값을 저장
한다. 이것이 계산 프로퍼티이다.

> **참고** 구조체도 계산 프로퍼티를 지원한다.

계산 프로퍼티의 숨은 의도

언뜻 보기에, Swift의 계산 프로퍼티 기능은 그리 유용해 보이지 않는다. 대부분의 경우
는 저장 프로퍼티를 사용할 수 있다. 계산 프로퍼티의 유용함을 이해하기 위해 다른 예
제를 살펴보자.

```
class Distance {
    var miles = 0.0
    var km: Double {
        get {
            return 1.60934 * miles
        }
        set (km) {
            miles = km / 1.60934
        }
    }
}
```

위 코드는 마일 단위의 거리를 저장하는 miles 저장 프로퍼티를 가진 Distance 클래
스를 가지고 있다. 또한 km 계산 프로퍼티도 가지고 있다. km 계산 프로퍼티는 킬로미
터 단위의 거리를 가져오도록 한다.

```
var d = Distance()
d.miles = 10.0
println(d.km)    //---16.0934---
```

또한 킬로미터로 거리를 저장할 수도 있다

```
d.km = 20.0
println(d.miles)      //---12.4274547329961---
```

이 경우를 살펴보면 실제 거리는 킬로미터가 아닌 마일로 저장된다. 그런 식으로 거리를 한 번만 저장하면 된다. 또한 다른 단위의 거리를 저장할 저장 프로퍼티에 대해 고민할 필요가 없다. 야드로 거리를 반환해야 한다면 다음과 같이 계산 프로퍼티를 추가하면 된다.

```
class Distance {
    var miles = 0.0
    var km: Double {
        get {
            return 1.60934 * miles
        }
        set (km) {
            miles = km / 1.60934
        }
    }
    var yard:Double {
        get {
            return miles * 1760
        }
        set (yard) {
            miles = yard / 1760
        }
    }
}
```

다음 코드는 새로 추가한 프로퍼티를 사용하는 법을 보여준다.

```
d.miles = 1.0
println(d.yard)       //---1760.0---

d.yard = 234567
println(d.miles)      //---133.276704545455---
```

newValue 키워드

앞에서 새로운 위치를 저장하는 튜플을 정의하기 위해 position이라는 이름을 사용했다.

```
var newPosition:(Double, Double) {
    get {
        return (x, y)
    }
    set (position) {          //---position은 튜플이다---
        x = position.0   //---x---
        y = position.1   //---y---
    }
}
```

튜플의 이름을 정의하지 않았다면, 이처럼 newValue 단축명을 사용할 수 있다.

```
var newPosition:(Double, Double) {
    get {
        return (x, y)
    }
    set {  //---newValue (shorthand name) is a tuple---
        x = newValue.0
        y = newValue.1
    }
}
```

읽기 전용 계산 프로퍼티

세터(setter)없이 게터(getter)만을 가진 계산 프로퍼티는 **읽기 전용 계산 프로퍼티**이다. 읽기 전용 계산 프로퍼티는 접근은 가능하지만 설정할 수는 없다. 다음은 세터가 newPosition 계산 프로퍼티를 보여준다.

```
var newPosition:(Double, Double) {
    get {
        return (x, y)
    }
}
```

읽기 전용 계산 프로퍼티는 get 키워드 없이 간소화할 수도 있다.

```
var newPosition:(Double, Double) {
    return (x, y)
}
```

어떤 경우든, 더 이상 newPosition 프로퍼티에 값을 설정할 수 없다.

```
var ptB = MyPointClass()
ptB.x = 25.0
ptB.y = 50.0

//---newPosition 프로퍼티에 튜플을 할당한다---
ptB.newPosition = (10,15) //---오류---
```

> **참고** 계산 프로퍼티가 세터를 가지면 반드시 게터도 가진다.

프로퍼티 옵저버

앞서 MyPointClass 예제에서 저장 프로퍼티에 대해 논의했던 것을 떠올려보면, 다음과 같이 세 개의 저장 프로퍼티를 가지고 있었다.

```
class MyPointClass {
    var x = 0.0
    var y = 0.0
    let width = 2
```

점 문법을 사용해 프로퍼티명을 지정하여 프로퍼티에 접근할 수 있었다.

```
var ptA = MyPointClass()
//---프로퍼티에 값을 할당한다---
ptA.x = 15.0
ptA.y = 50.0
```

그러나 만약에 x와 y에 유효 수의 범위를 제한해야 한다면? 예를 들어, x의 허용 가능한 최대값이 100이고 최소값이 -100이라고 가정해보자. 이 경우에는 프로퍼티 값의 변화를 감지하고 반응하는 **프로퍼티 옵저버**(property observer)를 사용할 수 있다.

Swift에서는 두 가지 프로퍼티 옵저버를 사용할 수 있다.

- willSet — 프로퍼티 값이 저장되기 전에 호출된다.

- didSet — 값이 저장된 직후에 호출된다.

프로퍼티 옵저버가 어떻게 동작하는지 보기 위해 다음 코드를 살펴보자.

```
class MyPointClass {
    var x: Double = 0.0 {
        willSet(newX) {
            println("Going to assign a value of ₩(newX) to x")
        }
        didSet {
            println("Value of x before assignment : ₩(oldValue)")
            println("Value of x after assignment : ₩(x)")
            if x>100 || x<(-100) {
                x = oldValue
            }
        }
    }
}
```

위 코드에서 willSet 블록은 x 프로퍼티에 값을 할당하려고 할 때 실행될 것이다. 또한 x에 값이 할당되기 전에 호출될 것이고, 값이 할당된 후에 didSet 블록이 실행될 것이다. 이 예제에서 할당된 값이 -100보다 작거나 100보다 크면 프로퍼티는 이전 값으로 복원된다.

willSet 키워드 뒤에 이름을 지정하지 않아도 여전히 newValue 키워드를 이용해 새로운 값을 가져올 수 있다. 이와 유사하게 didSet 키워드 뒤에 이름을 지정할 수도 있다. 이름을 지정하지 않으면 oldValue 키워드를 이용해 프로퍼티의 이전 값을 가져올 수 있다.

참고 프로퍼티 옵저버는 저장 프로퍼티에만 적용할 수 있다. 계산 프로퍼티는 프로퍼티에 값을 할당하기 전에 유효성을 검사하기 위해 세터를 사용할 수 있다.

참고 프로퍼티 옵저버는 프로퍼티가 처음 초기화될 때 호출되지 않는다. 이것은 초기화 이후에 프로퍼티가 수정될 때만 호출된다.

타입 프로퍼티

지금까지 본 모든 프로퍼티는 **인스턴스 프로퍼티**(instance property)이다. 인스턴스 프로퍼티는 특정 타입의 인스턴스에 속한다. 이와 대조적으로, **타입 프로퍼티**(type property)는 클래스에 속한다.

> **참고** 타입 프로퍼티는 자바, C#, Objective-C와 같이 다른 언어에서는 보통 정적 프로퍼티 혹은 클래스 프로퍼티로 알려져 있다.

타입 프로퍼티는 인스턴스 프로퍼티와 달리 클래스명으로 접근할 수 있다. 다음 예제를 살펴보자

```swift
class MyPointClass {
    var x = 0.0
    var y = 0.0
    let width = 2
    lazy var pointMath = PointMath()

    class var origin:(Double, Double) {
        get {
            return (0,0)
        }
    }

    var newPosition:(Double, Double) {
        get {
            return (x, y)
        }
        set (position) {    //---position은 튜플이다---
            x = position.0  //---x---
            y = position.1  //---y---
        }
    }
}
```

> **참고** 클래스는 계산 타입 프로퍼티만 지원한다. 구조체는 저장 타입과 계산 타입 프로퍼티 둘 다 지원한다. 구조체에서는 타입 프로퍼티를 나타내기 위해 class 키워드 대신에 static 키워드를 사용한다.

위 예제에서 origin은 타입 프로퍼티로, class 키워드를 앞에 붙인다. 클래스명과 함께 직접 프로퍼티를 호출하여 타입 프로퍼티에 접근한다.

```
println(MyPointClass.origin)    //---(0.0, 0.0)---
```

타입 프로퍼티는 인스턴스들 간에 같은 값을 가진 프로퍼티가 필요한 경우에 유용하다.

■ 이니셜라이저

빈 괄호 쌍을 사용해 클래스의 인스턴스를 만들면 **기본 이니셜라이저**를 호출하는 것이다.

```
var ptA = MyPointClass()
```

> **참고** 컴파일러는 클래스 내의 모든 프로퍼티가 기본값을 가질 때만 기본 이니셜라이저를 만든다.

컴파일러는 자동으로 기본 이니셜라이저를 만든다. 직접 정의할 필요 없다. 하지만 종종 클래스의 인스턴스를 만들 때 특정 프로퍼티를 지정 값으로 초기화할 필요가 있을 것이다. 이를 위해 특수한 이름인 init을 사용하여 이니셜라이저를 정의할 수 있다.

```
class MyPointClass {
    var x = 0.0
    var y = 0.0
    let width = 2
    lazy var pointMath = PointMath()

    init() {
        x = 5.0
        y = 5.0
```

```
        }
    }
```

┌───┐
│ **참고** Objective-C와 달리 Swift에서는 이니셜라이저가 값을 반환하지 않는다.   │
└───┘

init() 이니셜라이저는 빈 괄호 쌍을 사용해 클래스의 인스턴스를 만들 때 자동으로
호출된다.

```
var ptB = MyPointClass()
println(ptB.x)              //---5.0---
println(ptB.y)              //---5.0---
println(ptB.width)          //---2---
```

출력 결과에서 알 수 있듯이 MyPointClass의 인스턴스를 만들면 x와 y는 둘 다 5로
설정된다.

사용자가 이니셜라이저를 통해 인자를 전달하는 것을 허용해 매개 변수가 있는 이니셜
라이저를 만들 수도 있다. 다음 예제는 두 매개 변수를 가진 또 다른 이니셜라이저를
보여준다.

```
class MyPointClass {
    var x = 0.0
    var y = 0.0
    let width = 2
    lazy var pointMath = PointMath()

    init() {
        x = 5.0
        y = 5.0
    }

    init(x:Double, y:Double) {
        self.x = x
        self.y = y
    }
}
```

클래스의 인스턴스를 만들 때 두 인자를 전달하여 이니셜라이저를 호출할 수 있다.

```
var ptC = MyPointClass(x:7.0, y:8.0)
println(ptC.x)     //---7.0---
println(ptC.y)     //---8.0---
println(ptC.width) //---2---
```

■ 이니셜라이저와 외부 매개 변수명

두 매개 변수를 가진 이니셜라이저에 외부 매개 변수명을 지정해야 할 경우가 있다는 것에 주목한다.

```
var ptC = MyPointClass(x:7.0, y:8.0)
```

함수명과 달리, 이니셜라이저는 이름을 갖지 않는다(단순히 특수명 init으로 식별된다). 따라서 다음 이니셜라이저는 유효하다.

```
class MyPointClass {
    var x = 0.0
    var y = 0.0
    let width = 2
    lazy var pointMath = PointMath()

    init() {
        x = 5.0
        y = 5.0
    }

    init(x:Double, y:Double) {
        self.x = x
        self.y = y
    }

    init(y:Double, x:Double) {
        self.x = x
        self.y = y
    }
}
```

두 번째와 세 번째 이니셜라이저를 분간할 수 있는 방법은 그것을 호출할 때 외부 매개 변수명을 지정하는 것뿐이다. 외부 매개 변수명을 생략하길 원한다면 아래 예제처럼 밑줄(_)을 매개 변수명 앞에 붙여서 사용할 수 있다.

```
class MyPointClass {
    var x = 0.0
    var y = 0.0
    let width = 2
    lazy var pointMath = PointMath()

    init() {
        x = 5.0
        y = 5.0
    }

    init(_ x:Double, _ y:Double) {
        self.x = x
        self.y = y
    }

    init(y:Double, x:Double) {
        self.x = x
        self.y = y
    }
}
```

이 경우에 외부 매개 변수명 없이 두 번째 이니셜라이저를 호출할 수 있다.

```
var ptC = MyPointClass(7.0, 8.0)
```

외부 매개 변수명을 생략하고 나면, 더 이상 외부 매개 변수명을 사용해 두 번째 이니셜라이저를 호출할 수 없다.

```
var ptC = MyPointClass(x:7.0, y:8.0)    //---허용되지 않음---
```

세 번째 이니셜라이저는 계속해서 외부 매개 변수명을 사용해 호출할 수 있다.

```
var ptC = MyPointClass(y:8.0, x:7.0)
```

물론 세 번째 이니셜라이저에도 매개 변수명 앞에 밑줄을 붙인다면 문제가 발생할 것이다.

```
init(_ x:Double, _ y:Double) {
    self.x = x
    self.y = y
}

init(_ y:Double, _ x:Double) {
    self.x = x
    self.y = y
}
```

이 경우에 컴파일러는 같은 매개 변수 형을 가진 두 이니셜라이저를 보기 때문에 오류 메시지를 생성한다 (그림 8-2 참조).

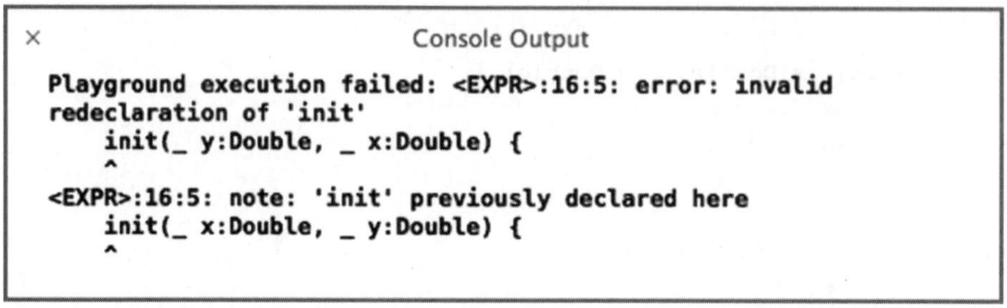

```
×                          Console Output

Playground execution failed: <EXPR>:16:5: error: invalid
redeclaration of 'init'
    init(_ y:Double, _ x:Double) {
    ^
<EXPR>:16:5: note: 'init' previously declared here
    init(_ x:Double, _ y:Double) {
    ^
```

그림 8-2

■ 초기화 중에 변수와 상수 초기화하기

앞서 언급했듯이, 컴파일러는 프로퍼티들이 기본값으로 초기화되어 있다면 자동으로 기본 이니셜라이저를 만든다. 다음 클래스 정의를 가지고 있다고 가정해보자.

```
class MyPointClass2 {
    var x: Double
    var y: Double
    let width: Int
}
```

위 클래스 정의는 컴파일러가 프로퍼티의 기본값을 찾을 수 없으므로 컴파일 되지 않을 것이다. 하지만 프로퍼티의 값을 초기화하는 이니셜라이저를 추가한다면 컴파일 될 것이다.

```
class MyPointClass2 {
    var x: Double
    var y: Double
    let width: Int

    init() {
        x = 0.0
        y = 0.0
        width = 2
    }
}
```

■ 클래스 참조 타입

클래스는 구조체와 달리 참조 타입이다. 이는 클래스의 인스턴스를 다른 변수나 상수
에 할당하면 새로운 사본을 만드는 대신 원본 인스턴스의 참조를 만든다는 것을 뜻한
다. 이것이 뜻하는 바를 확인하기 위해 MyPointClass2 클래스를 가지고 있다고 가
정해보자.

```
class MyPointClass2 {
    var x: Double
    var y: Double
    let width: Int

    init() {
        x = 0.0
        y = 0.0
        width = 2
    }
}
```

다음 코드는 MyPointClass2의 인스턴스(pt1)을 만들어서 또 다른 변수 pt2에 할당
한다.

```
var pt1 = MyPointClass2()
pt1.x = 25.0
pt1.y = 50.0
var pt2 = pt1
```

그림 8-3은 pt1을 pt2에 할당할 때 어떻게 되는지 보여준다.

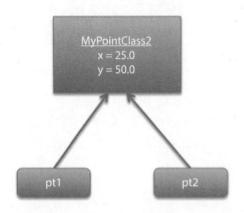

그림 8-3

두 변수는 같은 `MyPointClass2`의 인스턴스를 가리킨다. 각 인스턴스의 프로퍼티를
출력하면,

```
println("---pt1---")
println(pt1.x)
println(pt1.y)

println("---pt2---")
println(pt1.x)
println(pt1.y)
```

다음 결과를 얻을 것이다.

```
---pt1---
25.0
50.0
---pt2---
25.0
50.0
```

pt1에 변화를 주고 다시 두 변수의 프로퍼티를 출력해본다.

```
pt1.x = 35
pt1.y = 76
```

```
println("===After modifications===")
println("---pt1---")
println(pt1.x)
println(pt1.y)

println("---pt2---")
println(pt1.x)
println(pt1.y)
```

이제 두 인스턴스의 프로퍼티가 모두 변경되는 것을 볼 수 있다. 이는 정말로 두 변수
가 같은 인스턴스를 가리키고 있다는 사실을 입증한 것이다.

```
===After modifications===
---pt1---
35.0
76.0
---pt2---
35.0
76.0
```

인스턴스 비교 - 식별 연산자

종종 두 클래스의 인스턴스가 같은지 비교해야 할 경우가 있다. 우리는 두 종류의 비교
를 수행할 수 있다.

- 두 변수가 같은 인스턴스를 가리키는지 비교하기
- 두 인스턴스가 같은 값을 가지는지 비교하기

첫 번째를 설명하기 위해 다음 예제를 생각해보자. MyPointClass2의 세 인스턴스
(pt1, pt2, pt3)를 가지고 있다고 가정해보자.

```
var pt1 = MyPointClass2()
pt1.x = 25.0
pt1.y = 50.0

var pt2 = pt1

var pt3 = MyPointClass2()
pt3.x = 25.0
pt3.y = 50.0
```

그림 8-4는 같은 인스턴스를 가리키는 pt1, pt2와 다른 인스턴스를 가리키는 pt3을 보여준다.

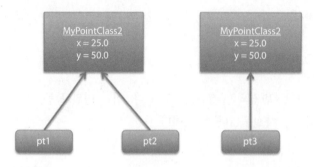

그림 8-4

pt1과 pt2가 같은 인스턴스를 가리키는지 검사하려면 === 연산자를 사용한다.

```
if pt1 === pt2 {
    println("pt1 is identical to pt2")
} else {
    println("pt1 is not identical to pt2")
}
```

위 코드는 다음을 출력할 것이다.

```
pt1 is identical to pt2
```

그 다음 코드는 pt1과 pt3가 같은 인스턴스를 가리키는지 검사한다.

```
if pt1 === pt3 {
    println("pt1 is identical to pt3")
} else {
    println("pt1 is not identical to pt3")
}
```

위 코드는 다음을 출력할 것이다.

```
pt1 is not identical to pt3
```

Swift는 === 연산자 외에 !== 연산자도 제공한다.

인스턴스 비교 - 동등 연산자

이전 절에서는 식별 연산자를 사용하여 두 변수가 같은 클래스 인스턴스를 가리키는지 확인하였다. 그러나 많은 경우에 두 인스턴스가 실제로 같은지에 대해 더 흥미를 느낄 것이다. 즉, 두 인스턴스가 같은 값을 가지고 있는지 궁금할 것이다. Swift에서 컴파일 러는 사용자 타입에 대해 "동일" 값이 무엇인지 결정하지 못한다. 따라서 연산자 오버 로딩를 통해 그 의미를 스스로 정의할 필요가 있다.

다음 코드는 MyPointClass2 클래스의 정의와 두 연산자 오버로딩 함수를 포함한다.

```
class MyPointClass2 {
    var x: Double
    var y: Double
    let width: Int

    init() {
        x = 0.0
        y = 0.0
        width = 2
    }
}

func == (ptA: MyPointClass2, ptB: MyPointClass2) -> Bool {
    return (ptA.x == ptB.x) && (ptA.y == ptB.y)
}

func != (ptA: MyPointClass2, ptB: MyPointClass2) -> Bool {
    return !(ptA == ptB)
}
```

기본적으로 두 함수는 == 연산자와 != 연산자를 오버로딩한다. 각 함수는 두 개의 MyPointClass2 인스턴스를 받아 Bool 값을 반환한다. 각 인스턴스의 x와 y 프로퍼 티가 다른 인스턴스의 각 프로퍼티와 같으면 두 인스턴스가 같다고 여겨진다.

이제 pt1과 p3이 같은 값을 가지는지 검사하기 위해 == 연산자를 사용할 수 있다.

```
var pt1 = MyPointClass2()
pt1.x = 25.0
pt1.y = 50.0
var pt2 = pt1
```

```
    var pt3 = MyPointClass2()
    pt3.x = 25.0
    pt3.y = 50.0

    if pt1 == pt3 {
        println("pt1 is same as pt3")
    } else {
        println("pt1 is not the same as pt3")
    }
```

위 코드는 다음을 출력할 것이다.

```
    pt1 is same as pt3
```

또한 != 연산자를 사용하여 두 인스턴스를 비교할 수도 있다.

```
    if pt1 != pt3 {
        println("pt1 is not the same as pt3")
    } else {
        println("pt1 is same as pt3")
    }
```

■ 클래스의 메소드

Swift에서는 함수를 정의하는 것처럼 메소드를 정의한다. Swift에는 두 가지 종류의 메소드가 있다.

- **인스턴스 메소드** – 클래스의 특정 인스턴스에 속함
- **타입 메소드** – 클래스에 속함

인스턴스 메소드

인스턴스 메소드는 클래스의 특정 인스턴스에 속한 함수이다. 다음 Car 클래스는 acceler ate(), decelerate(), stop(), printSpeed() 모두 네 개의 인스턴스 메소드를 가진다.

```
    class Car {
        var speed = 0
```

```
    func accelerate() {
       speed += 10
       if speed > 80 {
          speed = 80
       }
       printSpeed()
    }

    func decelerate() {
       speed -= 10
       if speed<0 {
          speed = 0
       }
       printSpeed()
    }

    func stop() {
       while speed>0 {
          decelerate()
       }
    }

    func printSpeed() {
       println("Speed: ₩(speed)")
    }
}
```

이들 메소드를 호출하려면 먼저 Car 클래스의 인스턴스를 만들어야 한다.

```
var c = Car()
```

인스턴스가 만들어지고 나서 점 문법(.)을 사용해 메소드를 호출할 수 있다.

```
c.accelerate()      //---10---
c.accelerate()      //---20---
c.accelerate()      //---30---
c.accelerate()      //---40---
c.decelerate()      //---30---
c.stop()            //---20---
                    //---10---
                    //---0---
```

메소드의 지역 매개 변수명과 외부 매개 변수명

Car 클래스의 네 가지 메소드는 매개 변수를 갖지 않는다. 그럼 Car 클래스에 두 개의 메소드를 더 추가해보자.

```swift
class Car {
    var speed = 0
    func accelerate() {
        speed += 10
        if speed > 80 {
            speed = 80
        }
        printSpeed()
    }

    func accelerateBy(quantum: Int) {
        speed += quantum
        if speed > 80 {
            speed = 80
        }
        printSpeed()
    }

    func accelerateBy(quantum: Int, repeat:Int) {
        for index in 1...repeat {
            speed += quantum
            if speed >= 80 {
                speed = 80
                break
            }
            printSpeed()
        }
        printSpeed()
    }

    func decelerate() {
        speed -= 10
        if speed<0 {
            speed = 0
        }
        printSpeed()
    }
}
```

```
        func stop() {
            while speed>0 {
                decelerate()
            }
        }

        func printSpeed() {
            println("Speed: ₩(speed)")
        }
    }
```

이 예제에 다음 두 메소드를 추가했다.

- acceleerateBy() — 하나의 Int 인자를 가져온다.
- acceleerateBy() — 두 개의 Int 인자를 가져온다.

첫 번째 메소드를 호출하려면 정수 인자 하나를 전달해야 한다.

```
    c.accelerateBy(5)
```

두 번째 메소드를 호출하려면 첫 번째와 두 번째에 정수 값을 전달해야 한다. 그리고 추가로 두 번째 인자에 외부 매개 변수명을 지정해야 한다.

```
    c.accelerateBy(5, repeat:10)
```

> **참고** Swift에서 메소드의 첫 번째 매개 변수는 기본적으로 지역 매개 변수명이다. 반면 그 이후의 매개 변수들은 지역 매개 변수명이자 외부 매개 변수명이다.

첫 번째 매개 변수를 외부 매개 변수명으로 만들려면 다음과 같이 해시 태그(#)를 그 앞에 붙인다.

```
    func accelerateBy(# quantum: Int, repeat:Int) {
        ...
    }
```

이제 첫 번째 인자에도 외부 매개 변수명을 명시해야 한다.

```
c.accelerateBy(quantum:5, repeat:10)
```

두 번째나 그 이후의 매개 변수명이 외부 매개 변수명으로 노출되는 것을 원하지 않으면 밑줄(_)을 매개 변수명 앞에 붙인다.

```
func accelerateBy(quantum: Int, _ repeat:Int) {
    ...
}
```

이제 두 번째 인자에 외부 매개 변수명을 명시하면 안 된다.

```
c.accelerateBy(5, 10)
```

self 프로퍼티

모든 클래스 인스턴스는 self라는 암시적 프로퍼티를 가진다. self 프로퍼티는 해당 클래스의 인스턴스를 참조한다. 따라서 그 인스턴스의 이름이다. 이전의 speed 프로퍼티를 떠올려보자.

```
class Car {
    var speed = 0

    func accelerate() {
        speed += 10
        if speed > 80 {
            speed = 80
        }
        printSpeed()
    }
    ...
```

speed는 클래스 안에서 선언되었기 때문에 speed 앞에 self를 붙여 위 코드를 다시 작성할 수도 있다.

```
class Car {
    var speed = 0

    func accelerate() {
        self.speed += 10
```

```
        if self.speed > 80 {
            self.speed = 80
        }
        printSpeed()
    }

    ...
```

대다수의 경우에 self 키워드를 프로퍼티 앞에 붙이는 것은 불필요하다. 하지만 이것이 실제로 유용하고 필수적인 경우가 있다. 다음 예제를 살펴보자.

```
class Car {
    var speed = 0

    func setInitialSpeed(speed: Int) {
        self.speed = speed
    }

    ...
```

위 예제에서 setInitialSpeed() 메소드의 매개 변수명도 speed 프로퍼티와 같은 speed이다. 둘 사이를 구분하려면 프로퍼티를 식별할 self 키워드를 사용해야 한다.

■ 타입 메소드

타입 메소드는 인스턴스 메소드와 대조적으로 클래스에 속한 메소드이다. 타입 메소드는 클래스의 인스턴스를 통해서가 아닌 클래스명을 직접 이용해 호출한다.

> **참고** Swift에서 구조체, 클래스, 열거형은 타입 메소드를 지원한다.

타입 메소드는 class 키워드를 앞에 붙이는 것만 제외하곤 인스턴스 메소드와 비슷하게 선언한다. 다음 코드는 kilometersToMiles()라는 클래스 메소드를 가진 Car 클래스를 보여준다.

```
class Car {
    var speed = 0
```

```
class func kilometersToMiles(km:Int) -> Double{
    return Double(km) / 1.60934
}

...
```

`kilometersToMiles()` 메소드를 사용하려면 클래스명을 직접 이용해 메소드를 호출한다.

```
c.speed = 30
var s = Car.kilometersToMiles(c.speed)
println("₩(s) mph") //---18.6411820994942 mph---
```

클래스 메소드는 클래스의 각 인스턴스에 독립된 구현을 가진 유틸리티 함수에 자주 사용된다.

■ 구조체의 메소드

메소드가 클래스에만 존재하는 것은 아니다. 구조체 또한 메소드를 가진다. 앞서 Go 구조체의 예를 생각해보자.

```
enum StoneColor:String {
    case Black = "Black"
    case White = "White"
}

struct Go {
    var row:Int
    var column:Int
    var color:StoneColor
}
```

바둑판에 놓인 돌의 위치를 출력하는 `printPosition()` 메소드를 추가할 수 있다.

```
struct Go {
    var row:Int
    var column:Int
    var color:StoneColor
```

```
    func printPosition() {
        println("[" + String(row) + "," + String(column) + "]")
    }
}
```

printPosition() 메소드를 사용하려면 Go 구조체의 인스턴스를 만들고
printPosit ion() 메소드를 직접 호출하면 된다.

```
var stone1 = Go(row:12, column:16, color:StoneColor.Black)
stone1.printPosition()   //---[12,16]---
```

지정된 행과 열에 따라 바둑돌을 움직이는 move() 라는 이름의 메소드를 생각해보자.

```
struct Go {
    var row:Int            //---0...18---
    var column:Int         //---0...18---
    var color:StoneColor

    func printPosition() {
        println("[" + String(row) + "," + String(column) + "]")
    }

    func move(dRow: Int, dColumn: Int) {
        row += dRow
        column += dColumn
    }
}
```

그러나 위 메소드는 컴파일 되지 않을 것이다. Swift에서 값 타입은 자신의 인스턴스 메
소드 안에서 그 프로퍼티들을 수정할 수 없다. 구조체는 값 타입이고 위 move() 메소
드는 row와 column 프로퍼티를 수정하려고 하기 때문에 결국 실패하게 될 것이다.
이를 해결하려면 다음과 같이 명시적으로 메소드가 변경을 한다는 것(mutating)을 나
타내야 한다.

```
struct Go {
    var row:Int            //---0...18---
    var column:Int         //---0...18---
    var color:StoneColor

    func printPosition() {
```

```
        println("[" + String(row) + "," + String(column) + "]")
    }

    mutating func move(dRow: Int, dColumn: Int) {
        row += dRow
        column += dColumn
    }
}
```

이제 move() 메소드를 호출하여 돌을 움직일 수 있다.

```
var stone1 = Go(row:12, column:16, color:StoneColor.Black)
stone1.printPosition()
stone1.move(2, dColumn: 1)
stone1.printPosition()        //---[14,17]---
```

내부에서 실제로 발생하는 것은, move() 메소드가 원본 구조체(stone1)를 변경하고 그 구조체의 새로운 인스턴스를 반환하여 원본 인스턴스를 덮어쓰는 것이다. 이때문에 stone1 구조체는 반드시 var 키워드를 사용해 변수로 선언해야 한다. 만약 stone1이 상수(let 키워드로 선언)라면 move() 메소드는 오류가 발생할 것이다.

```
let stone1 = Go(row:12, column:16, color:StoneColor.Black)
stone1.printPosition()
stone1.move(2, dColumn: 1)      //---오류---
```

이것은 move() 메소드가 불변 구조체를 수정하려고 하기 때문이다.

요약

이 장에서는 구조체와 클래스를 정의하는 방법을 살펴보았다. 또한 구조체나 클래스가 다음과 같은 것들을 가질 수 있음을 살펴보았다.

• 메소드

• 프로퍼티

• 이니셜라이저

Swift의 주요 기능 중 하나는 일반적인 OOP 언어와 다르게 다양한 종류의 프로퍼티가 가능하다는 것이다. Swift에서 구조체는 클래스와 거의 유사하게 동작한다. 주목할 만한 예외는 구조체는 값 타입이고 클래스는 참조 타입이라는 것이다. 다음 장에서는 Swift의 OOP에서 또 다른 중요한 주제인 상속에 대해서 배울 것이다.

연습 문제

1. 년, 월, 일을 포함한 날짜를 저장하는 DOB라는 이름의 구조체를 만든다.

2. 학생의 정보를 저장하는 구조체를 만든다. 이 구조체는 다음 정보를 저장할 수 있어야 한다.

   a. 학생 ID (String)
   b. 학생 이름 (String)
   c. 생일 (DOB [1번 문제에서 만든 구조체])

3. 2번에서 정의한 구조체에 학생의 나이를 얻을 수 있도록 age라는 이름의 계산 프로퍼티를 추가한다.

4. 3번에서 만든 구조체의 인스턴스를 만든다.

5. 학생의 나이를 출력한다.

• 이 장에서 배운 것

주제	핵심 개념
구조체	구조체는 변수의 목록을 그룹화하여 통일된 이름 아래에 둔 특수한 형태의 자료형이다.
멤버 이니셜라이저	멤버 이니셜라이저를 사용하여 구조체 멤버의 값을 초기화한다.
구조체 값 타입	구조체는 값 타입이다. 즉, 값 타입의 변수나 상수를 다른 변수나 상수에 할당하면 그 값은 복사되어 전해진다.
구조체 비교	== 연산자와 != 연산자를 오버로딩 해야 한다.

클래스	클래스는 많은 점에서 구조체와 유사하다. 클래스는 구조체처럼 값을 저장하는 프로퍼티들을 정의하고 그 프로퍼티들을 초기화하는 이니셜라이저를 포함한다.
프로퍼티	저장 프로퍼티와 계산 프로퍼티를 제공한다.
저장 프로퍼티	저장 프로퍼티는 프로퍼티의 값을 클래스 안에 직접 저장한다.
계산 프로퍼티	계산 프로퍼티는 프로퍼티의 값을 클래스 안에 직접 저장하지 않는다. 다른 프로퍼티를 사용하여 값을 저장한다.
계산 프로퍼티에 값 저장	get{}와 set{}를 사용하여 계산 프로퍼티에 값을 저장한다.
지연 저장 프로퍼티	lazy로 표시된 프로퍼티는 그것이 실제로 사용되기 전까지 인스턴스화 되지 않는다.
프로퍼티 옵저버	프로퍼티 옵저버는 저장 프로퍼티에 값이 할당되기 전과 할당된 후에 호출되는 이벤트를 처리하도록 해준다.
타입 프로퍼티	타입 프로퍼티는 인스턴스가 아닌 클래스에 속한 프로퍼티이다.
이니셜라이저	빈 괄호 쌍을 사용해 클래스의 인스턴스를 만들면 기본 이니셜라이저를 호출하는 것이다. 특수 함수명 init()을 사용해 자신의 이니셜라이저를 만들 수도 있다.
이니셜라이저와 외부 매개 변수명	기본적으로 이니셜라이저를 호출할 때 매개 변수명을 명시적으로 지정해야 할 필요가 있다.
클래스 참조 타입	클래스는 참조 타입이다. 이는 클래스의 인스턴스를 다른 변수나 상수에 할당할 때 그 사본을 생성하는 대신 원본 인스턴스의 참조가 생성됨을 뜻한다.
클래스 인스턴스 비교	=== 연산자와 !== 연산자를 사용한다.
클래스 동등 비교	== 연산자와 != 연산자를 오버로딩 해야 한다.
클래스의 메소드	인스턴스 메소드와 타입 메소드가 있다.
메소드의 지역 매개 변수와 외부 매개 변수명	Swift에서 메소드의 첫 번째 매개 변수는 기본적으로 지역 매개 변수명이다. 반면 그 이후의 매개 변수들은 지역 매개 변수명이자 외부 매개 변수명이다.
구조체의 메소드	Swift에서 값 타입은 자신의 인스턴스 메소드 안에서 그 프로퍼티들은 수정할 수 없다. 수정하려면 mutating 키워드가 필요하다.

09

상속

이전 장에서는 클래스를 정의하는 법과 클래스에 메소드와 프로퍼티를 추가하는 법을 배웠다. 이 장에서는 계속해서 객체지향 프로그래밍 (OOP)의 또 다른 주요 주제인 상속에 대해 살펴 볼 것이다. 또 접근 제어와 Swift의 접근 제어 해석이 일반적인 프로그래밍 언어와 어떻게 다른 지에 대해 배울 것이다.

상속의 이해

클래스 상속은 OOP의 기본 개념 중 하나이다. 이는 기본적으로 클래스는 다른 클래스로부터 프로퍼티와 메소드를 상속받을 수 있음을 의미한다. 클래스 상속은 코드 재사용을 높여주고 동일한 구현을 다른 곳에 사용할 수 있게 변경을 허용한다. Swift는 클래스 상속 능력을 전부 제공한다.

■ 기본 클래스 정의하기

기본 클래스는 다른 클래스를 상속하지 않은 클래스이다. 예를 들어, 다음 Shape 클래스는 어떤 클래스도 상속하지 않는다. 따라서 기본 클래스(base class)이다.

```
class Shape {
    //---저장 프로퍼티---
    var length:Double = 0
    var width:Double = 0

    func perimeter() -> Double {
        return 2 * (length + width)
    }
}
```

Shape 클래스는 두 개의 저장 프로퍼티, length, width와 perimeter() 메소드를 가진다. 이 클래스는 객체가 어떤 특정 모양을 가진다고 가정하지 않고, 객체가 측정 가능한 길이와 너비를 가진다고 가정한다. 둘레는 그 길이와 높이의 합에 2를 곱한 값이다.

■ 기본 클래스 인스턴스화

앞 장에서 배웠던 것처럼, 기본 이니셜라이저를 사용해 이 클래스의 인스턴스를 만들 수 있다.

```
var shape = Shape()
```

그런데 사실 Shape 클래스의 인스턴스를 만드는 것은 그리 중요한 것이 아니다. 실제로 다룰 정확한 모양에 관해 거의 언급하지 않았기 때문이다. 실생활에서 객체는 다음과 같이 별 제한 없이 다양한 모양을 가질 수 있다.

- 직사각형
- 원
- 정사각형
- 마름모

따라서 Shape 기본 클래스를 상속하는 클래스를 만들어 필요한 경우 확장하는 것이 나을 것이다.

■ 추상 클래스 만들기

OOP는 추상 클래스 개념을 포함한다. 추상 클래스는 직접적으로 인스턴스화할 수 없는 클래스이다. 다시 말해, 이 클래스의 인스턴스를 직접 만들 수 없다. 오히려 그 하위 클래스의 인스턴스만 만들 수 있다. Swift는 추상 클래스를 지원하지 않는다. 따라서 필요한 경우 추상 클래스의 개념을 구현하려면 프로토콜을 사용해야 한다.

> **참고** 11장에서 프로토콜에 대해 좀 더 자세히 다룬다.

하지만 이처럼 private 식별자와 이니셜라이저를 사용해 추상 메소드를 임시 변통으로 만들 수 있다.

```
class Shape {
    //---저장 프로퍼티---
    var length:Double = 0
    var width:Double = 0

    //---임시로 클래스를 추상화한다---
    private init() {
        length = 0
        width = 0
    }

    func perimeter() -> Double {
        return 2 * (length + width)
    }
}
```

위 코드에서는 해당 파일 내에서만 접근할 수 있도록 제한을 둔 private 이니셜라이저와 init()을 추가했다. 이것은 Shape클래스가 정의된 파일(Shape.swift) 외의 코드에서는 이 이니셜라이저 메소드를 호출할 수 없다는 것을 뜻한다. 그러므로 Shape 클래스의 인스턴스를 만들면 오류가 발생한다 (그림 9-1 참조).

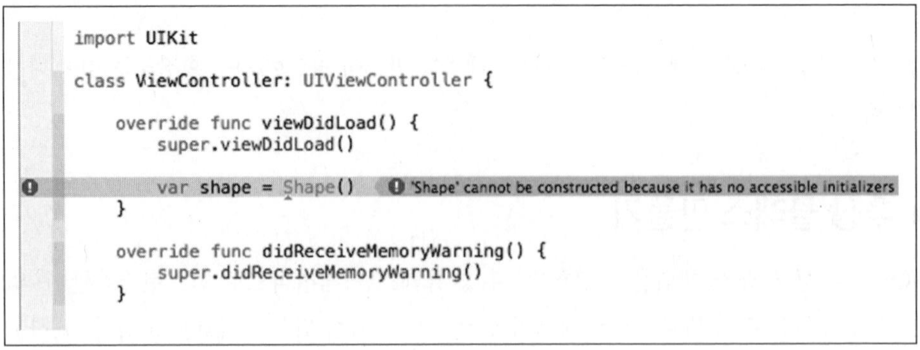

```swift
import UIKit

class ViewController: UIViewController {

    override func viewDidLoad() {
        super.viewDidLoad()

        var shape = Shape()     ❶ 'Shape' cannot be constructed because it has no accessible initializers
    }

    override func didReceiveMemoryWarning() {
        super.didReceiveMemoryWarning()
    }
```

그림 9-1

> **참고** 이 장 후반부에서 Swift의 접근 제어 체계에 관해 자세히 배운다.

■ 기본 클래스로부터 상속받기

기본 클래스를 상속하려면 새로운 클래스를 선언하고 콜론(:) 뒤에 기본 클래스명을 명시한다.

```swift
class Rectangle: Shape {

}
```

위 코드에서 Rectangle은 Shape의 하위 클래스이다. 이것은 Shape 클래스에 선언된 모든 프로퍼티와 메소드를 상속한다는 것을 뜻한다. 하지만 아직도 여전히 Rectangle 클래스의 인스턴스를 만들 수 없다. Rectangle 클래스의 이니셜라이저를 만들어야 한다.

이니셜라이저 오버라이딩

앞에서 논의했던 것처럼 Shape 클래스는 같은 파일에 존재하는 코드에서만 볼 수 있는 private 이니셜라이저를 가지고 있다. Rectangle 클래스의 인스턴스를 만들 수 있게 하기 위해서는 이처럼 이니셜라이저가 필요하다.

```
class Rectangle: Shape {
    //---init() 이니셜라이저를 재정의한다---
    override init() {
        super.init()
    }
}
```

init() 이니셜라이저 앞에 override 키워드가 필요하다는 것을 알아챘을 것이다. 이것은 이미 기본 클래스(Shape)에 init() 이니셜라이저가 있기 때문이다. 게다가 이니셜라이저를 재정의하고 있기 때문에 이 이니셜라이저를 호출하기 전에 바로 위 상위 클래스의 init() 메소드를 호출해야 한다.

```
override init() {
    super.init()
}
```

이제 Rectangle 클래스의 인스턴스를 만들 수 있을 것이다.

```
var rectangle = Rectangle()
```

또한 Shape 클래스의 프로퍼티, length와 width에 접근할 수 있다.

```
rectangle.length = 5
rectangle.width = 6
```

다음 예제는 Shape 클래스의 perimeter() 메소드에 접근할 수 있는 법을 보여준다.

```
println(rectangle.perimeter())   //---22.0---
```

그림 9-2는 Rectangle 클래스의 클래스 계층 다이어그램을 보여준다.

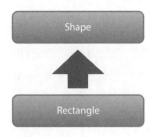

그림 9-2

이니셜라이저 오버로딩

이전 절에서 기본 init() 이니셜라이저를 재정의했다. Rectangle 클래스에 또 다른 이니셜라이저를 추가할 수 있다.

```
class Rectangle: Shape {
    //---init() 이니셜라이저를 재정의한다---
    override init() {
        super.init()
    }

    //---init() 이니셜라이저를 오버로딩한다---
    init(length:Double, width:Double) {
        super.init()
        self.length = length
        self.width = width
    }
}
```

이번에는 length와 width, 두 매개 변수를 가진 이니셜라이저로 **오버로딩**하고 있다.

이제 다음과 같이 Rectangle 클래스의 인스턴스를 만들 수 있다.

```
var rectangle = Rectangle(length: 5,width: 6)
```

Xcode의 코드 완성 기능이 Rectangle 클래스에 사용할 수 있는 두 이니셜라이저를 자동으로 표시할 것이다 (그림 9-3 참조).

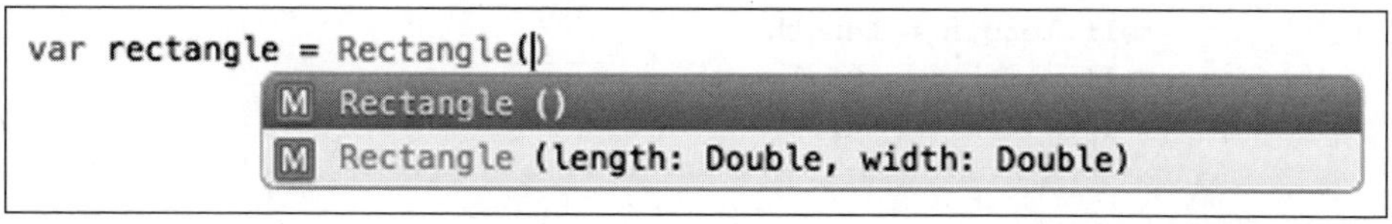

```
var rectangle = Rectangle(|)
        M  Rectangle ()
        M  Rectangle (length: Double, width: Double)
```

그림 9-3

Swift는 이니셜라이저에 다음 규칙을 적용한다.

- 하위 클래스에 이니셜라이저가 없다면 모든 상위 클래스의 이니셜라이저를 하위 클래스에 사용할 수 있다.

- 하위 클래스가 하나 이상의 이니셜라이저를 가지고 있다면 상위 클래스의 모든 이니셜라이저는 숨겨진다.

위 규칙을 설명할 예제가 여기 있다. 다음 Square 클래스는 Rectangle 클래스(두 개의 오버로딩된 이니셜라이저를 가진)를 상속한다.

```
class Square: Rectangle {

}
```

Square 클래스의 인스턴스를 만들면 두 개의 이니셜라이저를 볼 수 있을 것이다(그림 9-4 참조).

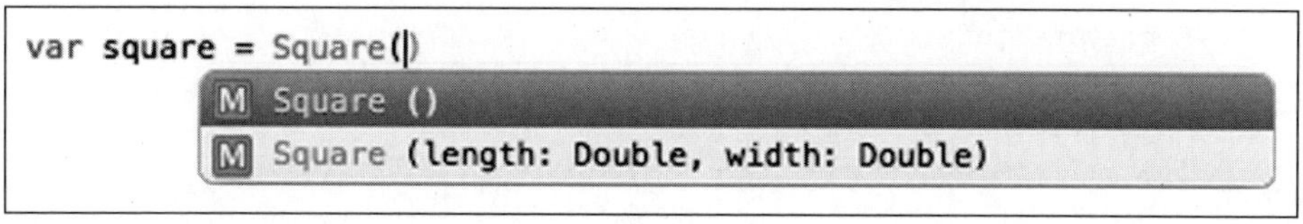

```
var square = Square(|)
        M  Square ()
        M  Square (length: Double, width: Double)
```

그림 9-4

그런데 이처럼 Square 클래스가 자신의 이니셜라이저를 가진다고 가정해보자.

```
class Square: Rectangle {
    //---이니셜라이저---
    init(length:Double) {
        super.init()
```

```
            self.length = length
            self.width = self.length
        }
    }
```

이제는 이 이니셜라이저만 호출할 수 있을 것이다(그림 9-5 참조). 기본 클래스 (Rectangle)의 모든 이니셜라이저는 감춰질 것이다.

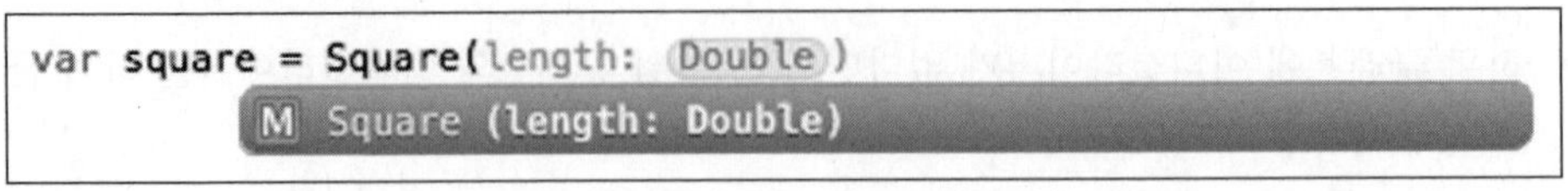

```
var square = Square(length: Double)
        M  Square (length: Double)
```

그림 9-5

추상 메소드 만들기

OOP는 추상 메소드 개념도 포함한다. 추상 메소드는 기본 클래스에 선언된 메소드이지만 그 구현은 상속 클래스의 몫으로 남겨둔다. 동일한 Shape 예제를 사용해 Shape 클래스에 area() 메소드가 있다고 가정해보자.

```
class Shape {
    //---저장 프로퍼티---
    var length:Double = 0
    var width:Double

    //---임시로 클래스를 추상화한다---
    private init() {
        length = 0
        width = 0
    }

    func perimeter() -> Double {
        return 2 * (length + width)
    }

    //---도형의 범위를 계산한다---
    func area() -> Double {}
}
```

이상적으로 area() 구현은 상속 클래스에 남겨두어야 한다. 지정된 도형만이 그 범위를 계산할 수 있기 때문이다.

그런데 위 예제에서 보이는 것처럼 area() 메소드의 구현을 비어둔 채로 남겨둘 수 없다. Swift는 추상 클래스의 개념을 제공하지 않기 때문이다. 오히려 프로토콜을 사용하여 이것을 구현해야 한다.

그러나 assert() 함수를 사용해 추상 메소드를 임시로 급조하는 방법이 있다.

```
class Shape {
    //---저장 프로퍼티---
    var length:Double = 0
    var width:Double = 0

    //---임시로 클래스를 추상화한다---
    private init() {
        length = 0
        width = 0
    }

    func perimeter() -> Double {
        return 2 * (length + width)
    }

    //---임시로 메소드를 추상화한다---
    func area() -> Double {
        assert(false, "This method must be overridden")
    }
}
```

assert() 함수는 조건과 메시지의 인자를 가진다. 이 조건이 false이면 프로그램은 실행을 멈추고 메시지를 출력한다.

참고 assert() 함수를 이해하는 좋은 방법은 영어 단어 ensure(보증하다)와 같은 의미로 생각하는 것이다. 다시 말해 assert 문은 "조건이 참임을 보증한다"는 것을 의미한다. 그렇지 않으면 프로그램은 멈추고 해당 메시지를 출력한다.

실제로 다음 예제처럼 rectangle 인스턴스에서 area() 메소드를 호출하면 그림 9-6에 표시된 것처럼 크래시가 발생할 것이다.

```
var rectangle = Rectangle(length: 5,width: 6)
println(rectangle.area())
```

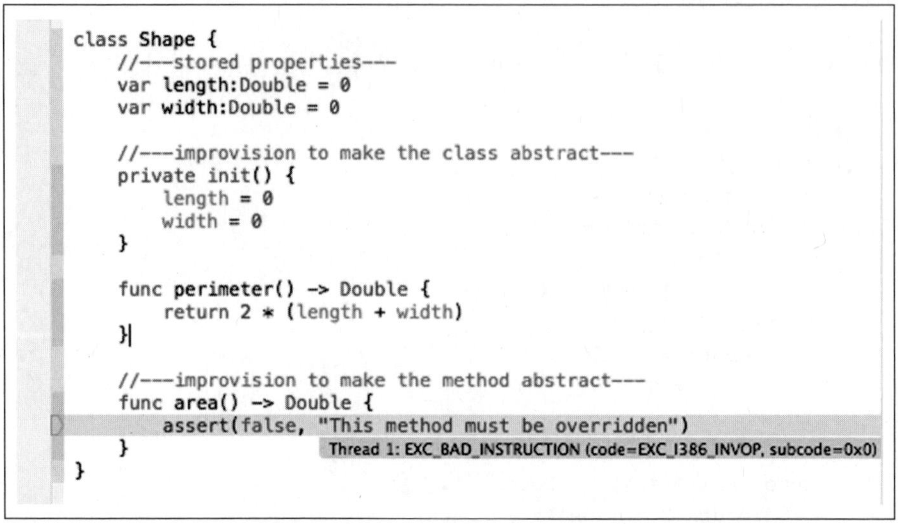

```
class Shape {
    //---stored properties---
    var length:Double = 0
    var width:Double = 0

    //---improvision to make the class abstract---
    private init() {
        length = 0
        width = 0
    }

    func perimeter() -> Double {
        return 2 * (length + width)
    }

    //---improvision to make the method abstract---
    func area() -> Double {
        assert(false, "This method must be overridden")
    }                   Thread 1: EXC_BAD_INSTRUCTION (code=EXC_I386_INVOP, subcode=0x0)
}
```

그림 9-6

이를 고치려면 Rectangle 클래스에 area() 메소드의 구현이 필요하다.

```
class Rectangle: Shape {
    //---init() 이니셜라이저를 재정의한다---
    override init() {
        super.init()
    }

    //---init() 이니셜라이저를 오버로딩한다---
    init(length:Double, width:Double) {
        super.init()
        self.length = length
        self.width = width
    }

    //---area() 함수를 재정의한다---
```

```
    final override func area() -> Double {
        return self.length * self.width
    }
}
```

area() 메소드 정의에 나타난 두 접두사를 살펴보자.

- final — final 키워드는 Rectangle의 하위 클래스들이 area()의 구현을 재정의하는 것을 허용하지 않음을 나타낸다.
- override — 기본 클래스(Shape)의 area() 메소드 구현을 재정의한다는 것을 나타낸다.

이제 area() 메소드를 사용할 수 있을 것이다.

```
rectangle.length = 5
rectangle.width = 6
println(rectangle.perimeter())    //---22---
println(rectangle.area())         //---30---
```

메소드 오버로딩

오버로딩 이니셜라이저뿐만 아니라 메소드도 오버로딩할 수 있다. 다음은 Shape 기본 클래스를 상속하는 Circle이라는 새로운 하위 클래스를 만든다.

```
class Circle: Shape {

    //---이니셜라이저---
    init(radius:Double) {
        super.init()
        self.width = radius * 2
        self.length = self.width
    }

    //---perimeter() 함수를 재정의한다---
    override func perimeter() -> Double {
        return 2 * M_PI * (self.width/2)
    }
```

```
//---perimeter() 함수를 오버로딩한다---
func perimeter(#radius:Double) -> Double {

    //---길이와 너비를 알맞게 조절한다---
    self.length = radius * 2
    self.width = self.length

    return 2 * M_PI * radius
}

//---area() 함수를 재정의한다---
override func area() -> Double {
    return M_PI * pow(self.length / 2, 2)
}
}
```

Circle 클래스는

- 새로운 init() 이니셜라이저를 갖는다
- 기본 클래스의 perimeter() 함수를 오버라이딩한다
- perimeter() 함수를 radius 인자를 받는 함수로 오버로딩한다
- 기본 클래스(Shape)의 area() 함수를 오버라이딩한다

그림 9-7은 Circle 클래스의 클래스 계층 구조를 보여준다.

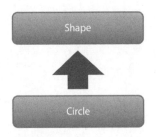

그림 9-7

이제 다음처럼 Circle 클래스를 사용할 수 있다.

```
var circle = Circle(radius: 6.8)
println(circle.perimeter())        // 42.7256600888212
println(circle.area())             // 145.267244301992

//---radius 라벨을 명시해야 한다---
println(circle.perimeter(radius:7.8)) // 49.0088453960008

//---위에서는 radius를 변경하는 perimter() 메소드를 호출한다---
println(circle.area())                // 191.134497044403
```

perimeter() 메소드는 오버로딩 되었기 때문에 인자가 없는 메소드나 하나인 메소드 중 어느 것이든 호출할 수 있다 (그림 9-8 참조).

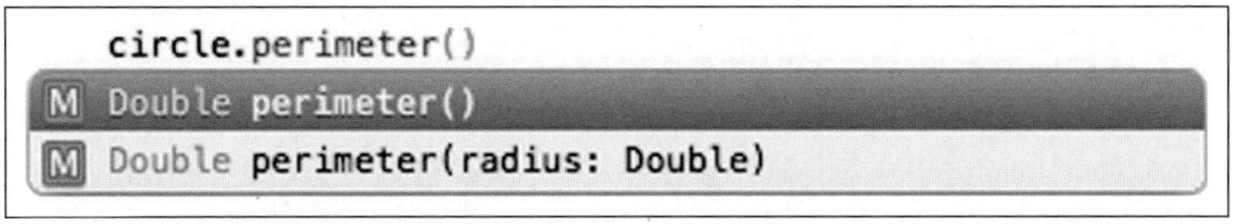

그림 9-8

서브클래싱 금지

지금까지 Circle 클래스와 Rectangle 클래스가 Shape 클래스를 상속하는 것을 보았다. 그런데 때로는 클래스가 상속되는 것을 막아야 하는 경우가 있다. 다음 Square 클래스를 생각해보자.

```
final class Square: Rectangle {
    //---init() 이니셜라이저를 오버로딩한다---
    init(length:Double) {
        super.init()
        self.length = length
        self.width = self.length
    }
}
```

Square 클래스가 Rectangle 클래스를 상속하면 (그림 9-9 참조) 클래스 정의 앞에 final 키워드가 붙어있다. 이는 다른 어떤 클래스도 이 클래스를 상속할 수 없음을 나타낸다. 예를 들면 다음을 허용하지 않는다.

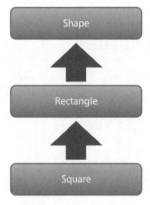

그림 9-9

```
//---Square는 final이므로 상속할 수 없다---
class rhombus: Square {

}
```

또한 area() 메소드는 Rectangle 클래스에서 final로 선언되기 때문에 Square 클래스에서 재정의를 허용하지 않는다.

```
final class Square: Rectangle {
    //---init() 이니셜라이저를 오버로딩한다---
    init(length:Double) {
        super.init()
        self.length = length
        self.width = self.length
    }

    //---final 메소드는 재정의할 수 없다---
    //---area() 함수를 재정의한다---
    override func area() -> Double {
        ...
    }
}
```

이니셜라이저의 종류

앞 장 클래스와 구조체에서 이니셜라이저에 대해 배웠다. 이니셜라이저는 기본적으로 해당 클래스가 인스턴스화되면 모두 초깃값을 가지도록 클래스의 변수에 기본값을 할당한다. Swift에는 세 가지 종류의 이니셜라이저가 있다.

- 기본 이니셜라이저
- 지정 이니셜라이저
- 컨비니언스 이니셜라이저

■ 기본 이니셜라이저

기본 이니셜라이저는 클래스를 인스턴스화할 때 컴파일러가 생성하는 이니셜라이저이다. 예를 들어, 다음 Contact 클래스를 생각해보자.

```
class Contact {
    var firstName:String = ""
    var lastName:String = ""
    var email:String = ""
    var group:Int = 0
}
```

Contact 클래스의 인스턴스를 만들면 컴파일러는 자동으로 Contact 클래스의 기본 이니셜라이저를 만든다. 그렇기 때문에 인스턴스를 만들 수 있다.

```
var c = Contact()
```

Contact 클래스에 있는 모든 저장 프로퍼티를 살펴보면 해당 기본값으로 초기화된다. 만약 다음과 같이 특정 값으로 초기화되지 않으면 컴파일러는 클래스에 이니셜라이저가 없다고 오류가 날 것이다.

```
class Contact {
    var firstName:String
    var lastName:String
    var email:String
```

```
        var group:Int
    }
```

이를 해결하는 방법은 각 저장 프로퍼티를 초기화하거나 (앞에서와 같이) 명시적으로
이니셜라이저를 만드는 것이다.

```
    class Contact {
        var firstName:String
        var lastName:String
        var email:String
        var group:Int

        init() {
            firstName = ""
            lastName = ""
            email = ""
            group = 0
        }
    }
```

이 경우에는 저장 프로퍼티의 값을 초기화하는 이니셜라이저를 새로 만들고 있다. 이
런 종류의 이니셜라이저가 바로 다음 절에서 배울 지정 이니셜라이저이다.

■ 지정 이니셜라이저

때때로 클래스 사용자가 인스턴스를 만드는 시점에 초기화하기 위해 값을 전달하는 것
이 필요할 수 있다. 이러한 경우 다음 예제처럼 매개 변수를 지닌 또 다른 이니셜라이저
를 만들 수 있다.

```
    class Contact {
        var firstName:String
        var lastName:String
        var email:String
        var group:Int

        init() {
            firstName = ""
            lastName = ""
            email = ""
```

```
        group = 0
    }

    //---지정 이니셜라이저---
    init(firstName: String, lastName:String, email:String, group:
        Int) {
        self.firstName = firstName
        self.lastName = lastName
        self.email = email
        self.group = group
    }
}
```

위 예제에서 이니셜라이저는 클래스의 모든 프로퍼티를 초기화하기 때문에 **지정 이니셜라이저**이다. 다음과 같이 지정 이니셜라이저를 호출할 수 있다.

```
var c2 = Contact(
    firstName:"Wei-Meng",
    lastName:"Lee",
    email:"weimenglee@learn2develop.net",
    group:0)
```

이니셜라이저에서 매개 변수명 앞에 밑줄을 쓰지 않는 한 항상 전달하는 각 인자에 이름을 붙여야 한다는 것에 주의한다.

```
    //---지정 이니셜라이저---
    init( _ firstName: String, _ lastName:String,
        _ email:String, _ group: Int) {
        self.firstName = firstName
        self.lastName = lastName
        self.email = email
        self.group = group
    }
```

이 경우는 라벨 없이 이니셜라이저를 호출할 수 있다.

```
var c2 = Contact("Wei-Meng", "Lee",
                "weimenglee@learn2develop.net",0)
```

클래스는 지정 이니셜라이저를 하나로 제한하지 않는다.

```swift
class Contact {
    var firstName:String
    var lastName:String
    var email:String
    var group:Int

    //---지정 이니셜라이저---
    init() {
        firstName = ""
        lastName = ""
        email = ""
        group = 0
    }

    //---지정 이니셜라이저---
    init(firstName: String, lastName:String, email:String, group:
        Int) {
        self.firstName = firstName
        self.lastName = lastName
        self.email = email
        self.group = group
    }

    //---지정 이니셜라이저---
    init(firstName: String, lastName:String, email:String, group: Int,
        timeCreated:NSDate) {
        self.firstName = firstName
        self.lastName = lastName
        self.email = email
        self.group = group
        println(timeCreated)
    }

}
```

위에서 하이라이트 된 이니셜라이저도 클래스의 모든 프로퍼티를 초기화하므로 지정 이니셜라이저이다.

■ 컨비니언스 이니셜라이저와 이니셜라이저 체이닝

세 번째 이니셜라이저는 **컨비니언스 이니셜라이저**(convenience initializer)이다. 사용법을 이해하려면 다음 예제를 살펴보자.

```
class Contact {
    var firstName:String
    var lastName:String
    var email:String
    var group:Int

    //---지정 이니셜라이저---
    init() {
        firstName = ""
        lastName = ""
        email = ""
        group = 0
    }

    //---지정 이니셜라이저---
    init(firstName: String, lastName:String, email:String, group: Int) {
        self.firstName = firstName
        self.lastName = lastName
        self.email = email
        self.group = group
    }

    //---지정 이니셜라이저---
    init(firstName: String, lastName:String, email:String, group: Int
    timeCreated:NSDate) {
        self.firstName = firstName
        self.lastName = lastName
        self.email = email
        self.group = group
        println(timeCreated)
    }

    //---컨비니언스 이니셜라이저, 지정 이니셜라이저를 대신한다---
    convenience init(firstName: String, lastName:String,
        email:String) {
        self.init(firstName: firstName, lastName: lastName, email:
            email, group: 0)
```

```
        }

        //---컨비니언스 이니셜라이저, 다른 컨비니언스 이니셜라이저를 대신한다-
        convenience init(firstName: String, lastName:String) {
            self.init(firstName:firstName, lastName:lastName, email:"")
        }

        //---컨비니언스 이니셜라이저, 다른 컨비니언스 이니셜라이저를 대신한다---
        convenience init(firstName: String) {
            self.init(firstName:firstName, lastName:"")
        }
    }
```

그림 9-10에서 설명하는 것처럼 각각의 컨비니언스 이니셜라이저는 또 다른 이니셜라이저를 호출한다. 가장 적은 수의 매개 변수를 가진 컨비니언스 이니셜라이저는 그 다음으로 적은 매개 변수를 가진 이니셜라이저를 호출하고 또 그 이니셜라이저도 마찬가지로 호출한다. 이것을 **이니셜라이저 체이닝**(initializer chaining)이라고 한다. 결국 마지막 컨비니언스 이니셜라이저가 지정 이니셜라이저를 호출한다.

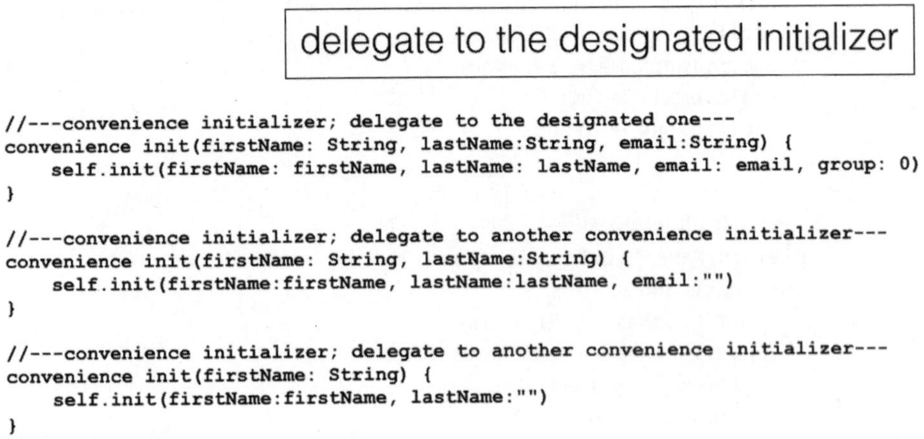

delegate to the designated initializer

```
//---convenience initializer; delegate to the designated one---
convenience init(firstName: String, lastName:String, email:String) {
    self.init(firstName: firstName, lastName: lastName, email: email, group: 0)
}

//---convenience initializer; delegate to another convenience initializer---
convenience init(firstName: String, lastName:String) {
    self.init(firstName:firstName, lastName:lastName, email:"")
}

//---convenience initializer; delegate to another convenience initializer---
convenience init(firstName: String) {
    self.init(firstName:firstName, lastName:"")
}
```

그림 9-10

그림 9-11은 여섯 개의 이니셜라이저를 가진 Contact 클래스를 보여준다.

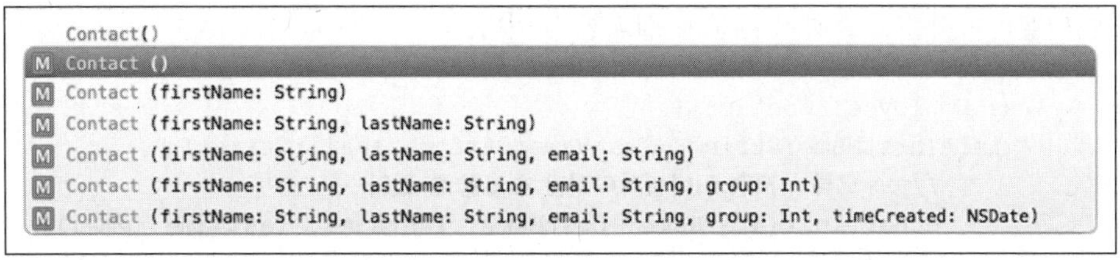

```
    Contact()
M  Contact ()
M  Contact (firstName: String)
M  Contact (firstName: String, lastName: String)
M  Contact (firstName: String, lastName: String, email: String)
M  Contact (firstName: String, lastName: String, email: String, group: Int)
M  Contact (firstName: String, lastName: String, email: String, group: Int, timeCreated: NSDate)
```

그림 9-11

이니셜라이저 체이닝은 클래스의 모든 프로퍼티들이 사용 전에 전부 초기화되는 것을 보장해준다.

■ 하위 클래스에서 이니셜라이저 호출

하위 클래스가 기본 클래스를 상속하여 그 클래스의 이니셜라이저를 가지면, 기본 클래스의 이니셜라이저를 호출해야 한다. 다음 예제를 살펴보자.

```
class Employee: Contact {
    init(firstName:String, lastName:String, email:String) {

    }
}
```

Employee는 Contact 기본 클래스를 상속하여 Contact의 이니셜라이저를 재정의한다. 이 경우에는 기본 클래스의 프로퍼티에 뭔가를 하기 전에 기본 클래스의 이니셜라이저를 호출해야 한다. 기본 클래스의 프로퍼티에 접근을 시도하면 오류가 발생할 것이다.

```
class Employee: Contact {

    init(firstName:String, lastName:String, email:String) {
        //---오류---
        self.firstName = firstName
    }
}
```

그런데 여기서 **하위 클래스는 기본 클래스의 지정 이니셜라이저만 호출할 수 있다**라는 한 가지 규칙을 따라야 한다. 다음은 기본 클래스의 지정 이니셜라이저가 아닌 컨비니언스 이니셜라이저를 호출하기 때문에 실패할 것이다.

```
class Employee: Contact {
    init(firstName:String, lastName:String, email:String) {
        //---오류, 지정 이니셜라이저만 호출할 수 있다---
        super.init(firstName: firstName, lastName: lastName, email:
            email)
    }
}
```

기본 클래스의 지정 이니셜라이저 중 하나를 호출해야 한다.

```
class Employee: Contact {
    init(firstName:String, lastName:String, email:String) {
        super.init(firstName: firstName, lastName: lastName, email:
            email, group: 9)
    }
}
```

이제 다음처럼 Employee 인스턴스를 만들 수 있다.

```
var e1 = Employee(firstName: "John", lastName: "Doe",
                  email: "johndoe@example.com")
```

확장

Swift에서 **확장**은 기존 클래스에 부가적인 기능(메소드처럼)을 더해준다.

> **참고** Objective-C도 카테고리라는 확장을 지원한다. 확장을 지원하는 다른 언어에는 C#
> 과 자바스크립트가 있다.

■ 확장 메소드

확장이 작동하는 법을 이해하기 위해 다음 예제를 살펴보자.

```
extension String {
    func getLatLng(splitter:String) -> (Double, Double) {
        var latlng = self.componentsSeparatedByString(splitter)
        return ((latlng[0] as NSString).doubleValue,
                (latlng[1] as NSString).doubleValue)
    }
}
```

위 코드는 getLatLng()라는 메소드를 통해 String 클래스를 확장한다. 이 함수
의 주된 기능은 구분자(쉼표)로 분리된 위도와 경도를 가진 문자열을 받아서 Double
형식의 위도와 경도를 가진 튜플을 반환한다. 샘플 문자열은 이와 비슷할 것이다:
"1.23456,103.345678." getLatLng() 메소드는 String 매개 변수(위도와 경도
가 구분되어 명시된)를 받아 두 Double형을 가진 튜플을 반환한다.

확장 메소드를 사용하기 위해서는 이처럼 String 변수나 상수를 다룰 때마다 호출한다.

```
var str = "1.23456,103.345678"
var latlng = str.getLatLng(",")
println(latlng.0)
println(latlng.1)
```

■ 확장 프로퍼티

확장은 확장 메소드 이외에도 계산 프로퍼티에 한해서지만 프로퍼티에도 적용할 수 있다.

> **참고** Swift에서 확장은 저장 프로퍼티를 지원하지 않는다.

이전 장에서 본 Distance 클래스를 기억해보자.

```
class Distance {
    var miles = 0.0
    var km: Double {
        get {
            return 1.60934 * miles
        }
        set (km) {
```

```
            miles = km / 1.60934
        }
    }
}
```

Distance 클래스에 계산 프로퍼티를 추가하여 확장할 수 있다.

```
extension Distance {
    var feet: Double { return miles * 5280 }
    var yard: Double { return miles * 1760 }
}
```

위 코드에서는 Distance 클래스에 새로운 두 개의 계산 프로퍼티를 추가하였다.

- feet — 마일을 피트로 변환
- yard — 마일을 야드로 변환

새롭게 추가된 계산 프로퍼티는 다음과 같이 사용할 수 있다.

```
var d = Distance()
d.miles = 10
println(d.feet)    //---52800.0---
println(d.yard)    //---17600.0---
```

접근 제어

Swift에서 접근 제어는 모듈과 소스 파일의 개념을 본떠 만들었다.

- **모듈** — 단일 배포 단위이다. 직접 개발하여 앱스토어에 업로드한 iPhone 앱은 단일 단위이기 때문에 모듈이다. 다른 프로그램에서 재사용을 위해 별도로 묶은 프레임 워크도 모듈이다(그림 9-12 참조). 또한 다른 프레임워크을 사용하는 프로그램은 두 개의 구분된 모듈로 간주한다.
- **소스 파일** — 모듈 내의 물리적 파일이다. 예를 들어, 소스 파일은 단일 클래스의 정 의를 포함하거나 복수 클래스의 정의를 포함한 것일 수 있다.

모듈 - 앱

모듈 - 프레임워크

소스
파일

소스
파일

그림 9-12

Swift의 접근 제어 개념은 자바와 C# 같은 대다수의 언어와는 조금 다르다. 대다수의 전통적인 OOP 언어들은 세 가지 등급의 범위(scope)를 가지고 있다.

- **Private 범위** — 멤버 변수는 선언된 클래스 내에서만 접근 가능하다.
- **Protected 범위** — 멤버 변수는 선언된 클래스와 그 하위 클래스에서 접근 가능하다.
- **Public 범위** — 멤버 변수는 선언된 클래스 내부나 외부의 모든 코드에서 접근 가능하다.

Swift는 코드에 세 가지 접근 등급을 제공한다. 이러한 등급은 개체(변수, 상수, 클래스, 프로퍼티)가 정의된 위치에 따라 적용한다.

- **Public 접근** — 이 개체는 파일이나 모듈 안 어디서든지 접근 가능하다. 프레임워크를 작성하여 공개용으로 API를 노출할 때 대부분 개체에 public 접근을 사용한다.
- **Private 접근** — 이 개체는 정의된 같은 파일 내에서만 접근 가능하다. 예를 들어, 클래스에서 private으로 선언된 변수는 같은 파일에 정의된 하위 클래스에서 접근 가능하다. 그것은 같은 파일에 변수로 정의되어 있기 때문이다. 만약 하위 클래스가 다른 파일에 정의되어 있다면 변수에 접근할 수 없다.
- **Internal 접근** — 기본적으로 Swift에 정의된 모든 개체는 public이나 private으로 선언하지 않으면 internal 접근을 가진다. internal 접근을 갖는 개체는 해당 파일과 그 파일이 속한 동일 모듈 내에서 접근 가능하다.

■ Internal

다양한 접근 제어 등급의 동작 예제를 살펴보자. 다음 파일을 가지고 있다고 가정해보자.

- ClassA.swift
- ClassB.swift

ClassA.swift는 다음 정의를 가진다.

```
class ClassA {
    var a1 = 10
    //---위 문장은 아래와 같음---
    // internal var a1 = 10
}
```

ClassB.swift는 다음 정의를 가진다.

```
class ClassB {
    var b1 = 20
    //---위 문장은 아래와 같음---
    //internal var b1 = 20
}
```

기본적으로 a1과 b1은 internal 접근 제어를 가진다. 이것은 ClassA.swift 와 ClassB.swift가 같은 모듈(그림 9.12 모듈 예제를 참조)에 포함되는 한 a1는 ClassB의 코드에서 접근 가능하고 b1도 ClassA의 코드에서 접근 가능하다는 것을 의미한다. 예를 들어, ClassA.swift와 ClassB.swift가 둘 다 아이폰 앱 프로젝트 의 일부라고 가정해보자. 이 경우에는 a1와 b1, 둘 다 아이폰 프로젝트 어디서든 접근 가능하다

■ Private

이번에는 같은 예제를 이용해 a1와 b1를 private 키워드로 정의해보자.

```
class ClassA {
    private var a1 = 10
}
```

```
class ClassB {
    private var b1 = 20
}
```

이제 이 변수들은 파일 밖에서 접근할 수 없을 것이다. 즉 a1은 ClassB의 코드에서 접근할 수 없다. 그리고 ClassA에서도 b1에 접근할 수 없다.

ClassA.swift에 ClassA를 상속하는 다른 하위 클래스를 추가하고 나면 a1에 접근할 수 있다.

```
//---이 두 클래스는 같은 파일 안에 있다---
class ClassA {
    private var a1 = 10
}

class SubclassA: ClassA {
    func doSomething() {
        self.a1 = 5
    }
}
```

이 경우에 a1은 private으로 선언되었어도 선언된 파일 안에서 여전히 접근 가능하다.

■ Public

a1(과 b1)을 공개용으로 하려면 public 키워드를 사용해 선언해야 한다.

```
class ClassA {
    public var a1 = 10
}
```

하지만 이렇게 하면 컴파일 경고가 발생할 것이다. ClassA는 기본적으로 a1에 대한 모듈 밖의 접근을 막는 internal 접근을 가지고 있기 때문이다. 이를 해결하려면 클래스도 public으로 만든다.

```
public class ClassA {
    public var a1 = 10
}
```

이제 ClassA와 그 프로퍼티 a1은 모듈 밖에서 접근 가능하다.

요약

이 장에서는 기본 클래스를 상속하는 하위 클래스를 선언하는 법을 배웠다. 또한 현 클래스와 부모 클래스에 정의된 메소드를 오버라이딩 하거나 오버로딩 하는 법을 배웠다. 추가로 이니셜라이저와 클래스에서 만들 수 있는 이니셜라이저의 종류에 대해 좀 더 자세히 살펴보았다. 또한 이니셜라이저를 호출할 때 Swift에서 적용하는 규칙과 그 규칙이 하위 클래스에서 어떻게 동작하는지 확인했다.

이 장에서 다룬 또 다른 주요 주제는 확장이다. 확장은 기존 클래스에 기능성을 확장해 준다. 끝으로 Swift에서 접근 제어를 관리하는 법과 프로그램에서 변수와 상수의 접근성에 어떻게 영향을 미치는지 배웠다.

1. 다음 프로퍼티들을 갖는 Vehicle 클래스를 만든다.

   - model
   - doors
   - colors – red, blue, white 중 하나
   - wheels

2. MotorVehicle이라는 이름의 Vehicle 하위 클래스를 만든다. licensePlate라는 프로퍼티도 추가한다.

3. Bicycle이라는 이름의 Vehicle 하위 클래스를 만든다.

4. Car라는 이름의 MotorVehicle 하위 클래스를 만든다. 다음 이니셜라이저를 만든다.

   - doors를 2로 설정하는 이니셜라이저
   - model, doors, color, wheels를 초기화하는 이니셜라이저
   - licensePlate를 초기화하고 model, doors, color, wheels를 초기화하는 이니셜라이저를 호출하는 컨비니언스 이니셜라이저

• 이 장에서 배운 것

주제	핵심 개념
기본 클래스	기본 클래스는 다른 클래스를 상속하지 않은 클래스이다.
추상 클래스	Swift는 공식적으로 추상 클래스 개념을 지원하지 않지만 private 이니셜라이저를 사용해 추상 클래스처럼 만들 수 있다.
클래스 상속	기본 클래스를 상속하려면 새로운 클래스를 만들고 콜론(:) 다음에 기본 클래스명을 적어야 한다.

기본 클래스 이니셜라이저 오버라이딩	기본 클래스 이니셜라이저를 재정의할 때 `super.init()`을 사용해 기본 클래스 이니셜라이저를 호출해야 한다.
이니셜라이저 오버로딩	하위 클래스 안에서 이니셜라이저를 오버로딩할 수 있다. 하위 클래스가 이니셜라이저를 갖지 않으면 모든 기본 클래스의 이니셜라이저가 하위 클래스에서 가용된다. 하위 클래스가 하나 이상의 이니셜라이저를 가지면 기본 클래스의 이니셜라이저는 모두 감춰진다.
추상 메소드	Swift는 추상 메소드 개념을 지원하지 않지만 `assert()` 함수를 사용해 추상 메소드처럼 만들 수 있다.
final 키워드	`final` 키워드를 메소드에 적용하면 현재 클래스의 하위 클래스가 특정 메소드를 재정의하지 못하도록 한다. 클래스에 적용하면 현재 클래스가 다른 클래스에 의해 서브클래싱 되지 못하도록 한다.
이니셜라이저의 종류	이니셜라이저의 종류로는 기본, 지정, 컨비니언스가 있다.
하위 클래스에서 이니셜라이저 호출	하위 클래스는 기본 클래스의 컨비니언스 이니셜라이저가 아닌 지정 이니셜라이저만 호출할 수 있다.
확장	확장은 기존 클래스에 부가적인 기능(메소드 같은)을 더해준다.
접근 제어	Swift는 세 가지 접근 등급 `public`, `private`, `internal`를 제공한다.
Public 접근	이 개체는 파일이나 모듈 안 어디서든지 접근 가능하다. 프레임워크를 작성하여 공개용으로 API를 노출할 때 대부분 개체에 public 접근을 사용한다.
Private 접근	이 개체는 정의된 같은 파일 내에서만 접근 가능하다. 예를 들어, 클래스에서 private으로 선언된 변수는 같은 파일에 정의된 하위 클래스에서 접근 가능하다. 그것은 같은 파일에 변수로 정의되어 있기 때문이다. 만약 하위 클래스가 다른 파일에 정의되어 있다면 변수에 접근할 수 없다.
Internal 접근	기본적으로 Swift에 정의된 모든 개체는 public이나 private으로 선언하지 않으면 internal 접근을 가진다. internal 접근을 갖는 개체는 해당 파일과 그 파일이 속한 동일 모듈 내에서 접근 가능하다.

10

클로저

Swift에서 중요한 기능 중 하나는 **클로저**(closure)이다. 클로저는 독립적인 코드 단위로 실행을 위해 함수에 전달될 수 있는 코드 블록이다. 클로저는 이름 없는 함수로 생각하면 된다. 사실 함수는 실제로 특수한 형태의 클로저이다.

Swift는 클로저를 간결하게 하기 위해 다양한 최적화 방법을 제공한다. 최적화에는 다음이 포함된다.

- 매개 변수 타입과 반환 타입을 추론
- 단일문 클로저에서 암시적으로 반환
- 단축 인자명
- 트레일링 클로저(Trailing closure) 문법
- 연산자 클로저(Operator closure)

클로저 이해하기

클로저를 이해하는 최선의 방법은 예제를 사용하는 것이다. 다음 정수 배열을 가지고 있다고 가정해보자.

```
let numbers = [5,2,8,7,9,4,3,1]
```

이 배열을 오름차순으로 정렬한다고 가정해보자. 정렬하는 함수를 직접 작성하거나 Swift의 sorted() 함수를 사용할 수 있다. sorted() 함수는 두 인자를 받는다.

- 정렬할 배열
- 배열과 같은 형의 두 인자를 받아 첫 번째 값이 두 번째 값 이전에 나타나면 true 를 반환하는 클로저

■ 클로저 함수

Swift에서 함수는 특수한 형태의 클로저이다. 이전 절에서 언급했던 sorted() 함수는 배열과 같은 형의 두 인자를 받아 첫 번째 값이 두 번째 값 전에 나타나면 true를 반환 하는 클로저가 필요하다. 다음 함수는 이러한 요구를 충족한다.

```
func ascending(num1:Int, num2:Int) -> Bool {
    return num1<num2
}
```

ascending() 함수는 Int형의 두 인자를 받아 Bool 값을 반환한다. num1이 num2보 다 작으면 true를 반환한다. 이제 이 함수를 sorted() 함수에 전달할 수 있다.

```
var sortedNumbers = sorted(numbers, ascending)
```

이제 sorted() 함수는 오름차순으로 정렬된 배열을 반환할 것이다. 배열의 값들을 출력하여 이를 검증할 수 있다.

```
println("===Unsorted===")
println(numbers)

println("===Sorted===")
println(sortedNumbers)
```

위 문장은 다음을 출력한다.

```
===Unsorted===
[5, 2, 8, 7, 9, 4, 3, 1]
===Sorted===
[1, 2, 3, 4, 5, 7, 8, 9]
```

> **참고** sorted() 함수는 원본 배열을 수정하지 않는다. 정렬된 배열은 새로운 배열로 반환한다.

■ 클로저를 변수에 할당하기

앞서 언급했던 것처럼 함수는 클로저의 특수한 형태이다. 사실 클로저는 이름 없는 함수이다. 클로저를 변수에 할당할 수 있다. 예를 들어, 앞서 언급한 ascending() 함수는 변수에 할당된 클로저로 작성할 수 있다.

```
var compareClosure : (Int, Int)->Bool =
{
    (num1:Int, num2:Int) -> Bool in
        return num1 < num2
}
```

위 코드는 두 Int 인자를 받아 Bool 값을 반환하는 클로저를 먼저 선언한다.

```
var compareClosure : (Int, Int)->Bool =
```

그 다음 클로저의 실제 구현이 정의된다.

```
{
        (num1:Int, num2:Int) -> Bool in
            return num1 < num2
}
```

sorted() 함수에 compareClosure 클로저를 사용하기 위해 compareClosure 변수를 전달한다.

```
var sortedNumbers = sorted(numbers, compareClosure)
```

일반적으로 클로저는 다음 문법을 따른다.

```
{
        ([parameters]) -> [return type] in
            [statements]
}
```

■ 인라인 클로저 작성하기

앞 절에서 sorted 함수에 함수를 클로저 함수로 전달하는 법을 보았다. 하지만 이보다 더 나은 방법은 명시적으로 함수를 정의하거나 그것을 변수에 할당할 필요 없는 인라인 클로저를 작성하는 것이다.

이전 예제를 다음에 전달하도록 다시 작성한다.

```
var sortedNumbers = sorted(numbers,
    {
        (num1:Int, num2:Int) -> Bool in
            return num1<num2
    }
)
```

위에서 볼 수 있는 것처럼, 매개 변수 목록과 함수의 내용을 모두 제공하여 이제 ascend ing() 함수명은 없다.

배열을 내림차순으로 정렬하려고 한다면 단순히 비교 연산자를 바꿀 수 있다.

```
var sortedNumbers = sorted(numbers,
    {
        (num1:Int, num2:Int) -> Bool in
        return num1>num2
    }
)
println("===Sorted===")
println(sortedNumbers)
```

이 배열은 내림차순으로 정렬될 것이다.

```
===Sorted===
[9, 8, 7, 5, 4, 3, 2, 1]
```

문자열 목록을 정렬하려고 한다면 다음과 같이 클로저를 작성할 수 있다.

```
var fruits = ["orange", "apple", "durian", "rambutan", "pineapple"]

println(sorted(fruits,
    {
        (fruit1:String, fruit2:String) -> Bool in
            return fruit1<fruit2
    })
)
```

출력 결과는 다음과 같다.

```
[apple, durian, orange, pineapple, rambutan]
```

■ 형 추론

이 클로저 함수의 첫 번째 인자형은 반드시 정렬하는 배열의 형과 같아야 하기 때문에
컴파일러가 사용 중인 배열의 형으로부터 그 형을 추론할 수 있다. 따라서 실제로 클로
저에 자료형을 명시하지 않아도 된다.

```
var fruits = ["orange", "apple", "durian", "rambutan", "pineapple"]
println(sorted(fruits,
    {
        (fruit1:String, fruit2:String) -> Bool in
```

```
                return fruit1<fruit2
        })
    )
```

위 코드는 자료형의 명시 없이 다시 쓸 수 있다.

```
println(sorted(fruits,
    {
        (fruit1, fruit2) in
            return fruit1<fruit2
    })
)
```

클로저가 단일 문장만을 가지면 return 키워드도 생략할 수 있다.

```
println(sorted(fruits,
    {
        (fruit1, fruit2) in
            fruit1<fruit2
    })
)
```

■ 단축 인자명

이전 절에서 클로저 안에 이름이 인자로 주어졌다. 사실 이 또한 선택적이다. Swift는 자동으로 매개 변수에 $0, $1 등과 같이 참조할 수 있는 단축명을 제공한다.

이전 코드,

```
println(sorted(fruits,
    {
        (fruit1, fruit2) in
            fruit1<fruit2
    })
)
```

이름이 붙은 매개 변수를 사용하지 않고 다음과 같이 다시 작성할 수 있다.

```
println(sorted(fruits,
    {
```

```
        $0<$1
    })
)
```

클로저를 더 간결하게 만들기 위해 모든 것을 한 줄에 쓸 수 있다.

```
println(sorted(fruits, { $0<$1 }))
```

■ 연산자 함수

이전 절에서 sorted() 함수를 위한 축약된 클로저를 보았다.

```
println(sorted(fruits, { $0<$1 }))
```

보다 작음 (<) 연산자의 구현 중 하나는 String형의 두 피연산자를 가지고 작동하는
함수이다. 이 때문에 클로저 대신에 < 연산자를 명시할 수 있다. 그러면 컴파일러는 <
연산자의 어떤 구현을 사용하려는지 자동으로 추론할 것이다. 위 문장은 다음과 같이
줄일 수 있다.

```
println(sorted(fruits, <))
```

배열을 내림차순으로 정렬하려면 보다 큼(>) 연산자를 사용한다.

```
println(sorted(fruits, >))
```

■ 트레일링 클로저

앞에서 본 클로저를 살펴보자.

```
println(sorted(fruits,
    {
        (fruit1:String, fruit2:String) -> Bool in
            return fruit1<fruit2
    })
)
```

sorted() 함수의 두 번째 인자로 전달된 클로저를 살펴보자. 이 클로저의 긴 문법은

약간 지저분해 보일 것이다. 클로저가 함수의 마지막 인자라면 클로저를 **트레일링 클로저**(trailing closure)로 다시 작성할 수 있다. 트레일링 클로저는 함수 호출의 괄호 밖에 쓸 수 있다. 위 코드는 이처럼 트레일링 클로저를 사용하여 다시 작성할 때,

```
println(sorted(fruits)
    {
        (fruit1:String, fruit2:String) -> Bool in
            return fruit1<fruit2
    }
)
```

단축 인자명을 사용해 다음과 같이 클로저를 줄일 수 있다.

```
println(sorted(fruits) { $0<$1 })
```

Arrry의 세 가지 클로저 함수 사용하기

Swift의 Array 구조체는 클로저가 어떻게 작동하는지 확인하기에 좋은 예이다. 인자 목록의 일부로 클로저를 받는 세 가지의 내장 메소드가 있다.

- map() — 배열 내의 요소들을 또 다른 배열로 변환해준다.
- filter() — 배열 내의 요소들을 필터링하여 요소들의 부분 집합을 반환해준다.
- reduce() — 배열 내의 요소들을 단일 항목으로 반환해준다.

■ map 함수

Swift에서 Array는 배열 내의 요소들을 또 다른 배열로 변환해주는 map() 함수를 제공한다.

다음 예제는 물품들의 가격을 포함한 배열을 가지고 있다고 가정한다.

```
let prices = [12.0,45.0,23.5,78.9,12.5]
```

예제 1

prices 배열을 각 요소가 달러 기호($)를 포함한 배열로 변환하고 싶다고 가정해보자.

```
["$12.0", "$45.0", "$23.5", "$78.9", "$12.5"]
```

원본 prices 배열을 반복하면서 각 요소를 복사하여 수동으로 하나씩 만드는 것 보다는 map() 함수를 사용하면 이를 쉽게 할 수 있다. 다음 코드를 살펴보자.

```
var pricesIn$ = prices.map(
    {
        (price:Double) -> String in
            return "$\(price)"
    }
)

println(pricesIn$)
```

map() 함수는 그 인자로 클로저를 허용한다. 이 클로저 자체는 원본 배열의 각 요소를 나타내는 단일 인자를 받고, 이 예제에서 클로저는 String형을 반환한다. 클로저는 배열 안의 각 요소마다 한 번씩 호출된다.

위 구현에서는 단순히 $ 기호를 가격 앞에 붙였다. 그 결과 배열은 pricesIn$에 할당되고 String형의 배열을 갖는다.

```
[$12.0, $45.0, $23.5, $78.9, $12.5]
```

위 코드는 형 추론 관련 절을 기반으로 다음과 같이 줄일 수 있다.

```
let prices = [12.0,45.0,23.5,78.9,12.5]

var pricesIn$ = prices.map(
    {
        (price) -> String in
            "$\(price)"
    }
)

println(pricesIn$)
```

단축 인자명을 사용하면 클로저는 한 줄만 가지고 있기 때문에 다음과 같이 더 줄일 수 있다.

```
var pricesIn$ = prices.map(
    {
        "$\($0)"
    }
)
```

예제 2

가격 앞에 $ 기호를 붙이는 대신에 각 물품에 GST (물품/용역 소비세)를 적용하여 가격에 포함하기를 원할 수도 있다. GST는 가격이 20보다 큰 경우에만 적용하고 GST 비율은 7퍼센트로 가정한다.

GST를 배열에 적용하는 코드는 다음과 같을 것이다.

```
var pricesWithGST = prices.map(
    {
        (price:Double) -> Double in
            if price > 20 {
                return price * 1.07
            } else {
                return price
            }
    }
)
println(pricesWithGST)
```

이 예제에서 클로저는 인자로 가격을 받아 Double형을 반환한다. 가격이 20보다 큰 경우에는 1.07을 곱한다. 위 코드는 다음을 출력할 것이다.

```
[12.0, 48.15, 25.145, 84.423, 12.5]
```

코드에 형 추론을 적용하고 삼항 연산자를 사용하여 줄일 수 있다.

```
var pricesWithGST = prices.map(
    {
        (price) in
```

```
                price>20 ? price * 1.07 : price
        }
    )
```

■ filter 함수

filter() 함수는 명시된 기준에 충족하는 원본 요소의 부분 집합을 갖는 새로운 배열을 반환한다.

예제 1

다음 코드는 동일한 prices 배열을 사용하여 배열에 20보다 큰 모든 요소를 반환하는 필터를 적용하는 법을 보여준다.

```
let prices = [12.0,45.0,23.5,78.9,12.5]
var pricesAbove20 = prices.filter(
    {
        (price:Double) -> Bool in
            price>20
    }
)
println(pricesAbove20)
```

map() 함수와 마찬가지로 filter() 함수는 클로저를 받는다. 이 클로저는 원본 배열의 각 요소를 나타내는 단일 인자를 받아 Bool형을 반환한다. 또 클로저는 배열 안의 각 요소마다 한 번씩 호출된다. 결과는 조건문 (price>20)이 true인 요소를 포함할 것이다.

위 코드는 다음을 출력한다.

```
[45.0, 23.5, 78.9]
```

형 추론을 사용해 코드를 다음과 같이 줄일 수 있다.

```
var pricesAbove20 = prices.filter(
    {
        (price) in
            price>20
```

```
        }
    )
```

이름있는 매개 변수를 제거하면 이와 같다.

```
var pricesAbove20 = prices.filter({ $0>20 })
```

예제 2

이름들의 배열이 있다고 가정해보자.

```
let names = ["Davi", "Jacob", "Nathan", "Pedro", "Mason",
             "Carter", "Jayden", "Ryan"]
```

이제 "an"이라는 단어가 포함된 이름을 모두 추출한다고 가정해보자. 다음 클로저와
함께 filter() 함수를 사용할 수 있다.

```
var someNames = names.filter(
    {
        (name:String) in
            (name as NSString).containsString("an")
    }
)
println(someNames)
```

names 배열의 각 이름들은 클로저로 전달되어 NSString 객체로 형 변환된다. 그리고
"an"을 가진 이름인지 검사하기 위해 containsString() 메소드를 호출할 수 있다.

위 코드는 다음 줄을 출력한다.

```
[Nathan, Ryan]
```

형 추론을 사용한 클로저는 이와 같다.

```
var someNames = names.filter(
    {
        (name) in
            (name as NSString).containsString("an")
    }
)
```

클로저에 단축 인자명을 사용하여 다음처럼 줄일 수 있다.

```
var someNames = names.filter(
    {
        ($0 as NSString).containsString("an")
    }
)
```

■ reduce 함수

reduce() 함수는 배열의 요소에 환원 클로저를 적용한 결과를 나타내는 단일 값을 반환한다.

예제 1

다음 코드는 동일한 prices 배열을 사용해 배열 안의 모든 가격의 합을 구하는 법을 보여준다.

```
let prices = [12.0,45.0,23.5,78.9,12.5]
var totalPrice = prices.reduce(
    0.0, Combine:
    {
        (subTotal: Double, price: Double) -> Double in
            return subTotal + price
    }
)
println(totalPrice)
```

reduce() 함수는 두 인자를 가진다.

- **결과의 초기값** — 이 예제에서는 0.0이 처음에 subtotal에 할당된다.
- **두 인자를 받는 클로저** — 첫 번째 인자는 초기값(이 경우는, 0.0)을 받고 두 번째 인자는 배열의 첫 번째 요소를 받는다. 이 클로저는 재귀적으로 호출되어 그 결과는 동일 클로저의 첫 번째 인자로 전달되고, 배열의 다음 요소는 두 번째 인자로 전달된다. 이는 배열의 마지막 요소까지 계속 진행된다.

이 클로저는 재귀적으로 배열의 모든 가격을 더하고 다음 결과를 출력한다.

```
171.9
```

이 클로저에 형 추론을 적용하여 다음으로 줄일 수 있다.

```
var totalPrice = prices.reduce(
    0.0, Combine:
        {
            (subTotal, price) in
                return subTotal + price
        }
    )
```

이름있는 매개 변수를 제거하여 다음 클로저를 만든다.

```
var totalPrice = prices.reduce(0.0, Combine: { $0 + $1 })
println(totalPrice)
```

클로저에 연산자 함수를 사용하여 더 줄일 수 있다.

```
var totalPrice = prices.reduce(0.0, Combine: + )
```

예제 2

배열에서 모든 가격을 추출하여 그것들을 모두 나열하는 단일 문자열을 만든다고 가정해보자. 다음 클로저를 작성할 수 있다.

```
let prices = [12.0,45.0,23.5,78.9,12.5]
var allPrices = prices.reduce(
    "List of prices", Combine:
    {
        (subString: String, price: Double) -> String in
            return ("\(subString)\n$\(price)")
    }
)
println(allPrices)
```

위 코드는 다음을 출력할 것이다.

```
List of prices
$12.0
$45.0
$23.5
$78.9
$12.5
```

형 추론을 사용하면 클로저는 이와 같을 것이다.

```
var allPrices = prices.reduce(
    "List of prices", Combine:
    {
        (subString, price) in
            "\(subString)\n$\(price)"
    }
)
```

이름있는 매개 변수를 제거하면 클로저를 다음과 같이 더 줄일 수 있다.

```
var allPrices = prices.reduce(
    "List of prices", Combine: { "\($0)\n$\($1)" })
```

함수 안에서 클로저 사용하기

앞 절에서 함수에 클로저를 사용하는 법을 살펴보았다. 그럼 클로저를 사용하는 함수를 선언해보는 것은 어떨까? 버블 정렬을 수행하는 함수가 있다고 가정해보자.

```
func bubbleSort(inout items:[Int]) {
    for var j=0; j<items.count-1; j++ {
        var swapped = false
        for var i=0; i<items.count-1-j; i++ {
            if items[i] > items[i+1] {
                var temp = items[i+1]
                items[i+1] = items[i]
                items[i] = temp
                swapped = true
            }
        }
        if !swapped {
```

```
            break
        }
      }
    }
```

bubbleSort() 함수는 다음처럼 Int 값 배열을 오름차순으로 정렬한다.

```
var numbers = [6,7,8,9,2,1,3,4,5]
bubbleSort(&numbers)
println(numbers)  //---[1, 2, 3, 4, 5, 6, 7, 8, 9]---
```

bubbleSort() 함수는 수들을 오름차순으로 정렬하도록 하드코딩 되어 있다. 만약 그 수들을 내림차순으로 정렬하고자 한다면 내부의 비교 연산자를 변경해야 한다.

```
func bubbleSort(inout items:[Int]) {
    for var j=0; j<items.count-1; j++ {
        var swapped = false
        for var i=0; i<items.count-1-j; i++ {
            if items[i] < items[i+1] {
                var temp = items[i+1]
                items[i+1] = items[i]
                items[i] = temp
                swapped = true
            }
        }
        if !swapped {
            break
        }
    }
}
```

각기 다른 순서로 정렬하는 함수를 여럿 만드는 것은 그리 좋은 설계가 아니다. 더 좋은 방법은 정렬 순서를 정하는 호출자를 사용하는 것이다. 이것이 좀 더 나은 클로저이다.

다음 조건을 살펴보자.

```
if items[i] < items[i+1] {
```

이처럼 함수로 대체할 수 있다는 것을 알 수 있다.

```
if compareFunction(items[i], items[i+1]) {
```

compareFunction() 함수는 두 Int 인자를 받아 Bool 값을 반환한다. 따라서 다음 함수 타입을 가진다.

```
(Int, Int) -> Bool
```

이는 수의 실제 비교를 bubbleSort() 함수의 호출자에게 넘길 수 있기 때문에 클로저를 사용하기에 좋은 기회이다. bubbleSort() 함수를 클로저를 사용하여 수정하면 이와 같다.

```
func bubbleSort(inout items:[Int], compareFunction:(Int, Int)->Bool) {
    for var j=0; j<items.count-1; j++ {
        var swapped = false
        for var i=0; i<items.count-1-j; i++ {
            if compareFunction(items[i],items[i+1]) {
                var temp = items[i+1]
                items[i+1] = items[i]
                items[i] = temp
                swapped = true
            }
        }
        if !swapped {
            break
        }
    }
}
```

내림차순으로 정렬하려면 단순히 이와 같은 클로저를 전달하면 된다.

```
bubbleSort(&numbers,
    {
        (num1:Int, num2:Int) -> Bool in
            return num1 < num2
    }
)
```

또한 오름차순으로 정렬하려면 이와 같은 클로저를 전달하면 된다.

```
bubbleSort(&numbers,
    {
        (num1:Int, num2:Int) -> Bool in
            return num1 > num2
    }
)
```

위 코드에 형 추론을 적용하고 이름있는 인자를 제거하면 다음과 같이 코드를 더 줄일
수 있다.

```
bubbleSort(&numbers, { $0 > $1 })
```

요약

이 장에서는 클로저라는 Swift의 개념에 대해 배웠다. 클로저는 Objective-C 프로그래
머들에겐 완전히 새로운 것은 아니다. 그것은 블록(block) 형태를 띠고 있기 때문이다.
클로저를 변수에 할당하고 그것을 함수에 인자로 전달할 수 있다. 또한 인라인으로 작
성할 수도 있다. 호출자가 직접 정의한 함수에 클로저를 전달할 수 있도록 해주기 때문
에 많은 유연성을 제공한다. 형 추론, 단축 인자명, 트레일링 클로저 등 클로저를 간소
화하는 방법들이 많이 있다. 직접 구현할 때는 항상 코드의 가독성과 효율성 간의 균형
을 맞추는 것이 중요하다.

1. 주어진 한 자리 정수의 배열을 가지고 각 정수에 해당하는 영어를 반환하는 코드를 작성한다.

```
var numbers = [5,6,3,2,4,8,1,0]
//---출력은 다음과 같아야 한다
// [Five, Six, Three, Two, Four, Eight, One, Zero]
```

2. 문제1의 배열에서 홀수만을 추출하는 코드를 작성한다.

3. 문제1의 배열에서 가장 큰 숫자를 찾는 코드를 작성한다.

4. 문제1의 배열에서 모든 수의 평균을 구하는 코드를 작성한다.

• 이 장에서 배운 것

주제	핵심 개념
클로저	클로저는 독립적인 코드 단위로 실행을 위해 함수에 전달될 수 있는 코드 블록이다.
클로저 함수	함수는 특수한 형태의 클로저이다. 클로저는 이름 없는 함수이다.
클로저의 단축 인자명	클로저 내에서 $0, $1 등과 같이 인자를 참조할 수 있다.
Array의 세 가지 클로저 함수	세 가지 클로저 함수는 map(), filter(), reduce()이다.
map 함수	한 배열의 요소들을 또 다른 배열로 변환해준다.
filter 함수	명시된 기준에 충족하고 원본 요소의 부분 집합을 갖는 새로운 배열을 반환한다.
reduce 함수	배열의 요소에 환원 클로저를 적용한 결과를 나타내는 단일 값을 반환한다.

11

프로토콜과 델리게이트

이 장에서 배울 내용

» 프로토콜이란
» 프로토콜을 정의하고 사용하는 법
» 프로토콜을 따르는 법
» 프로토콜에서 선택 메소드를 선언하는 법
» 다중 프로토콜을 따르는 법

» 프로토콜에서 프로퍼티 요구사항을 명시하는 법
» 프로토콜에서 이니셜라이저 요구 사항을 명시하는 법
» 델리게이트란
» 델리게이트를 만들고 사용하는 법
» 프로토콜과 델리게이트가 실제 앱에서 사용되는 법

[WROX.COM에서 이 장의 코드 내려받기]

이 장의 코드는 **www.wrox.com/go/beginningswift**의 Download Code 탭에서 확인할 수 있
다.

프로토콜과 델리게이트의 사용은 Swift 프로그래밍에서 가장 중요한 디자인 패턴 중 하나를 나
타내는 것이다. 8장과 9장에서는 클래스와 상속의 작동에 대해 살펴보았다. 이번 장에서는 클
래스의 내용에 프로토콜을 사용하는 법과 델리게이트가 어떻게 이벤트와 이벤트 핸들러를 만
드는 데 도움을 주는지 배울 것이다.

프로토콜 이해하기

프로토콜(protocol)은 메소드와 프로퍼티의 청사진이다. 이것은 클래스가 무엇을 가져야 할지,
어떤 구현이 제공되지 않는지를 기술한다. 프로토콜을 따르는 클래스는 프로토콜에 따라 구현
을 제공해야 한다. 프로토콜은 클래스, 구조체, 열거형에 의해 구현될 수 있다.

■ 프로토콜 정의와 사용

프로토콜을 정의하기 위해서는 protocol 키워드와 그 뒤에 프로토콜명을 사용한다.

```
protocol ProtocolName {
    func method1()
    func method2()
    ...
}
```

여기 프로토콜 예제가 있다.

```
protocol CarProtocol {
    func accelerate()
    func decelerate()
}
```

위 코드는 두 메소드 accelerate()와 decelerate()를 가진 CarProtocol이라
는 프로토콜을 선언한다. 가속 및 감속할 수 있는 자동차를 구현할 클래스는 이 프로토
콜을 따를 수 있다(conform).

프로토콜 따르기

프로토콜을 따르기 위해서는 다음과 같이 클래스명 뒤에 프로토콜명을 명시한다.

```
class ClassName: ProtocolName1, ProtocolName2 {
    ...
}
```

하나 이상의 프로토콜을 따르려면 쉼표(,)를 사용해 구분한다. 또한 클래스가 다른 클래스를 확장한다면 확장할 클래스 뒤에 프로토콜명을 사용한다.

```
class ClassName: BaseClass, ProtocolName1, ProtocolName2 {
    ...
}
```

다음 코드는 프로토콜을 따르는 방법을 보여주는 예제이다.

```
class Car: CarProtocol {
    ...
}
```

위 코드에서 Car 클래스는 "CarProtocol을 따른다"라고 말한다. CarProtocol을 따르는 모든 클래스는 반드시 그 안에 선언된 메소드를 구현해야 한다.

CarProtocol을 따르는 Car 클래스는 다음과 같을 것이다.

```
class Car: CarProtocol {
    var speed = 0

    func accelerate() {
        speed += 10
        if speed > 50 {
            speed = 50
        }
        printSpeed()
    }

    func decelerate() {
        speed -= 10
        if speed<=0 {
            speed = 0
        }
        printSpeed()
    }

    func stop() {
        while speed>0 {
            decelerate()
        }
```

```
    }

    func printSpeed() {
        println("Speed: \(speed)")
    }
}
```

Car 클래스는 CarProtocol에 선언된 accelerate()와 decelerate() 메소드를 구현하는 것뿐만 아니라 필요에 따라 다른 메소드들도 자유롭게 구현할 수 있다는 것에 주목하자. 여기서 Car 클래스는 stop()과 printSpeed() 메소드도 구현한다. CarProtocol에 선언된 모든 메소드를 Car 클래스에서 구현하지 않으면 컴파일러는 오류를 표시할 것이다. (그림 11-1 참조).

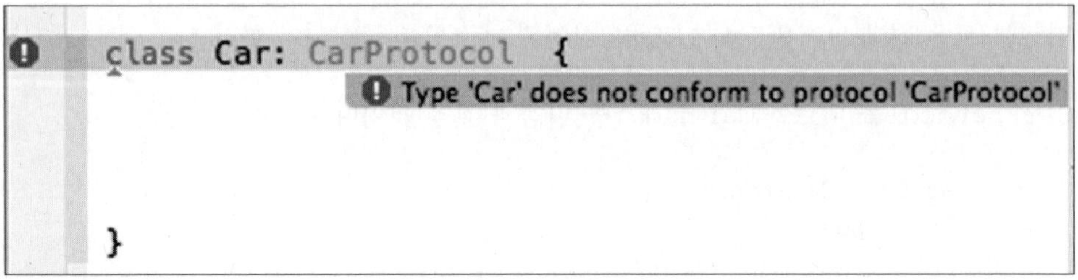

```
class Car: CarProtocol  {
                        ● Type 'Car' does not conform to protocol 'CarProtocol'



}
```

그림 11-1

이제 Car 클래스의 인스턴스를 만들고 차를 가속하거나 감속하고 멈추게 하는 등의 다양한 메소드를 호출할 수 있다.

```
var c1 = Car()
c1.accelerate()    //---Speed: 10---
c1.accelerate()    //---Speed: 20---
c1.accelerate()    //---Speed: 30---
c1.accelerate()    //---Speed: 40---
c1.accelerate()    //---Speed: 50---
c1.decelerate()    //---Speed: 40---
c1.stop()          //---Speed: 30---
                   //---Speed: 20---
                   //---Speed: 10---
                   //---Speed: 0---
```

■ 선택 메소드

이전 절에서 CarProtocol은 그 프로토콜을 따르는 클래스가 필수적으로 구현해야 하는 두 개의 메소드를 가진다. 그런데 때때로 구현 클래스에게 특정 메소드를 구현할지에 대한 선택권을 주어야 하는 경우도 있다. optional 키워드를 사용하여 프로토콜 내의 메소드를 **선택 메소드**로 지정할 수 있다.

다음 코드는 accelerateBy()라는 선택 메소드를 가지고 있는 CarProtocol을 보여준다.

```
@objc protocol CarProtocol {
    func accelerate()
    func decelerate()
    optional func accelerateBy(amount:Int)
}
```

protocol 키워드 앞의 @objc 태그 사용에 주목한다. @objc 태그는 컴파일러에 Objective-C와 상호 연동되는 클래스임을 알린다. 이 클래스를 Objective-C 코드와 함께 사용하지 않는다 하더라도 프로토콜에 선택 메소드를 선언하기 위해서는 이 태그를 프로토콜 앞에 붙여야 한다.

모든 선택 메소드는 optional 키워드가 앞에 붙는다.[1]

> **참고** @objc 태그가 붙은 프로토콜은 구조체나 열거형이 아닌 클래스에만 적용 가능하다.

이제 Car 클래스에서 필요에 따라 accelerateBy() 선택 메소드의 구현을 결정할 수 있다.

```
class Car: CarProtocol {
    var speed = 0

    @objc func accelerate() {
        speed += 10
        if speed > 50 {
```

---

1 **역주**: @objc 태그를 사용하려면 Foundation 모듈을 임포트해야 한다(import Foundation).

```
            speed = 50
        }
        printSpeed()
    }

    @objc func decelerate() {
        speed -= 10
        if speed<=0 {
            speed = 0
        }
        printSpeed()
    }

    func stop() {
        while speed>0 {
            decelerate()
        }
    }

    func printSpeed() {
        println("Speed: \(speed)")
    }

    func accelerateBy(amount:Int) {
        speed += amount
        if speed > 50 {
            speed = 50
        }
        printSpeed()
    }
}
```

다음 예제는 클래스에서 어떻게 accelerateBy() 메소드를 사용할 수 있는지 보여준다.

```
var c1 = Car()
c1.accelerate()      //---Speed: 10---
c1.accelerate()      //---Speed: 20---
c1.accelerate()      //---Speed: 30---
c1.accelerate()      //---Speed: 40---
c1.accelerate()      //---Speed: 50---
c1.decelerate()      //---Speed: 40---
```

```
    c1.stop()              //---Speed: 30---
                           //---Speed: 20---
                           //---Speed: 10---
                           //---Speed: 0---
    c1.accelerateBy(5) //---Speed: 5---
    c1.accelerateBy(5) //---Speed: 10---
```

■ 다중 프로토콜 따르기

클래스는 여러 프로토콜들을 따를 수 있다. CarDetailsProtocol이라는 또 다른 프로토콜이 있다고 가정해보자. Car 클래스가 두 프로토콜 CarProtocol과 CarDetailsProtocol를 따라야 한다면 쉼표(,)로 두 프로토콜을 구분한다.

```
@objc class Car: CarProtocol, CarDetailsProtocol {

    ...

}
```

프로퍼티 요구사항

프로토콜은 구현할 메소드를 명시하는 것 이외에도 클래스가 구현해야 할 프로퍼티를 명시할 수 있다. 예제로 다음 CarDetailsProtocol을 살펴보자.

```
protocol CarDetailsProtocol {
    var model: String {get set}
    var doors: Int {get set}
    var currentSpeed: Int {get}
}
```

CarDetailsProtocol 프로토콜은 구현이 필요한 세 가지 프로퍼티를 명시한다. 이 것은 저장 프로퍼티인지 계산 프로퍼티인지 명시하지 않는다. 단지 이름과 자료형, 각 프로퍼티가 settable인지 gettable인지를 기술한다. 해당 프로퍼티를 어떻게 구현할지 정 하는 것은 전적으로 구현 클래스에 달려있다.

다음 코드는 CarDetailsProtocol를 따르는 Car 클래스를 보여준다.

```
@objc class Car: CarProtocol, CarDetailsProtocol {
    var speed = 0

    var model: String = ""
    var doors: Int = 0

    var currentSpeed: Int {
        return speed
    }

    func accelerate() {
        ...
    }
    ...
}
```

여기서 둘 다 저장 프로퍼티로 구현된 model과 doors 프로퍼티를 볼 수 있다. currentSpeed 프로퍼티는 프로토콜에서 읽기 가능으로만 지정되었기에 읽기 전용 계산 프로퍼티로 구현되었다.

■ 이니셜라이저 요구사항

프로토콜을 사용해 클래스가 이니셜라이저를 구현하도록 할 수 있다. 다음처럼 CarDetailsProtocol 예제를 사용하여 프로토콜을 따르는 클래스가 이니셜라이저를 구현하도록 할 수 있다.

```
protocol CarDetailsProtocol {
    init(model:String)

    var model: String {get set}
    var doors: Int {get set}
    var currentSpeed: Int {get}
}
```

따라서 Car 클래스가 CarDetailsProtocol을 따른다면 이제 그 이니셜라이저를 구현해야 한다.

```
@objc class Car: CarProtocol, CarDetailsProtocol {
    var speed = 0
```

```
    var model: String = ""
    var doors: Int = 0

    required init(model:String) {
        self.model = model
    }

    var currentSpeed: Int {
        return speed
    }
```

Car의 하위 클래스들도 이 이니셜라이저를 구현하도록 보장하기 위해 required 키
워드가 필요하다.

델리게이트 이해하기

델리게이트(delegate)는 구조체나 클래스의 메소드를 제어할 수 있는 인스턴스 타입(클
래스처럼)이다. 델리게이트는 **이벤트 핸들러**이다. 클래스나 구조체는 이벤트를 수행할
수 있고 그 이벤트들을 제어할 뭔가가 필요하다. 이 경우에 클래스나 구조체는 이 작업
을 인스턴스 타입에 위임할 수 있다. 이 인스턴스 타입이 델리게이트이다.

■ 델리게이트 이벤트 핸들러

이해하기 쉽도록 실례를 살펴보자. 이전 절에서 Car 클래스가 CarProtocol에 선언
된 다음 메소드들을 구현하는 것을 보았다.

- accelerate() — 자동차의 속도를 10 km 올린다.

- decelerate() — 자동차의 속도를 10 km 내린다.

- accelerateBy() — 인자로 지정한 양만큼 자동차의 속도를 올린다.

자동차가 도달할 수 있는 최대 속도가 있다면 클래스 사용자가 이를 알도록 클래스가
이벤트를 보내는 것이 중요하다. 마찬가지로 자동차가 완전히 멈추면 사용자가 이를
아는 것은 중요하다. 또한 사용자에게 자동차가 가속하거나 감속할 때마다 알리는 것
도 유용하다. 클래스의 이러한 모든 행동을 프로토콜로 구현할 수 있다.

```
@objc protocol CarDelegate {
    func reachedMaxSpeed(c: Car)
    func completelyStopped(c: Car)

    optional func accelerating(c: Car)
    optional func decelerating(c: Car)
}
```

위 코드에서 CarDelegate는 네 가지 메소드를 포함하는 프로토콜이다. 두 메소드는 필수이고 다른 두 메소드는 선택이다. 각 메소드는 Car 인자를 받는다.

- reachedMaxSpeed() — 자동차가 최대 속도에 도달하면 호출된다

- completelyStopped() — 자동차가 완전히 멈추면 호출된다

- accelerating() — 자동차가 속도를 올리면 호출된다

- decelerating() — 자동차가 속도를 내리면 호출된다

참고 위 네 가지 메소드는 이벤트이다.

CarDelegate를 이용하려면 Car 클래스에 다음 볼드체 코드를 추가한다.

```
@objc class Car: CarProtocol {
    var delegate: CarDelegate?
    var speed = 0
    func accelerate() {
        speed += 10
        if speed > 50 {
            speed = 50
            //---CarDelegate에 선언한 reachedMaxSpeed()를 호출한다---
            delegate?.reachedMaxSpeed(self)
        } else {
            //---CarDelegate에 선언한 accelerating()를 호출한다---
            delegate?.accelerating?(self)
        }
        printSpeed()
    }
```

```
func decelerate() {
    speed -= 10
    if speed<=0 {
        speed = 0
        //---CarDelegate에 선언한 completelyStopped()를 호출한다---
        delegate?.completelyStopped(self)
    } else {
        //---CarDelegate에 선언한 decelerating()를 호출한다---
        delegate?.decelerating?(self)
    }
    printSpeed()
}

func stop() {
    while speed>0 {
        decelerate()
    }
}

func printSpeed() {
    println("Speed: \(speed)")
}

func accelerateBy(amount:Int) {
    speed += amount
    if speed > 50 {
        speed = 50
        //---CarDelegate에 선언한 reachedMaxSpeed()를 호출한다---
        delegate?.reachedMaxSpeed(self)
    } else {
        //---CarDelegate에 선언한 accelerating()를 호출한다---
        delegate?.accelerating?(self)
    }
    printSpeed()
}
}
```

위에서 한 일은 다음과 같다.

- CarDelegate형의 delegate라는 변수를 먼저 선언한다. 이 delegate 변수가
  옵셔널 변수(nil일 수도 있는)라는 것을 컴파일러에 알리기 위해 ? 기호가 필요하
  다. 이 delegate 변수는 CarDelegate 프로토콜을 구현하는 클래스의 인스턴스
  로 할당할 수 있다. 그 방법을 곧 살펴볼 것이다.

- 자동차의 속도가 50km보다 빠르면 50km로 제한한다. 그러고서 delegate 변수를 사용하여 reachedMaxSpeed() 메소드를 호출한다. delegate 변수가 CarDelegate 프로토콜을 구현하는 클래스의 인스턴스로 설정된다는 것을 생각해보자. 따라서 그 인스턴스는 반드시 reachedMaxSpeed() 메소드를 구현해야 한다. ?는 delegate 변수의 (nil이 아닌) 값이 설정되어 있는지 확인한다.

```
delegate?.reachedMaxSpeed(self)
```

> **참고** delegate는 옵셔널 타입이기 때문에 ?를 사용하여 delegate가 nil일 때 코드 크래시를 막는다. 값이 nil이면 reachedMaxSpeed() 메소드 호출은 아무런 영향을 주지 않는다. 만일 delegate가 nil일 때 그 옵셔널 값을 !로 접근하면, 그 문장은 중단된다.

- 자동차가 가속을 하면 delegate 변수를 사용하여 accelerating() 메소드를 호출한다. accelerating() 메소드는 CarDelegate 프로토콜에 선언한 선택 메소드이기 때문에 메소드명 뒤에 ?를 사용하여 해당 인스턴스에 이 메소드가 구현되었는지 확인해야 한다.

```
delegate?.accelerating?(self)
```

- completelyStopped()와 decelerating() 메소드도 호출한다.

```
delegate?.completelyStopped(self)
delegate?.decelerating?(self)
```

- CarDelegate 프로토콜의 메소드들은 Car 클래스의 참조를 포함하기 때문에 Car 클래스 앞에 @objc 태그를 붙여야 한다.

이제 CarDelegate형의 변수를 갖도록 Car 클래스를 수정했으니 CarDelegate 프로토콜을 구현하는 클래스를 만들 수 있다. 다음 CarStatus 클래스는 CarDelegate 프로토콜을 따른다.

```
class CarStatus: CarDelegate {
    @objc func reachedMaxSpeed(c: Car) {
        println("Car has reached max speed! Speed is \(c.speed)km")
    }
```

```
    @objc func completelyStopped(c: Car) {
        println("Car has completely stopped! Speed is \(c.speed)km")
    }

    //===선택 메소드===
    func accelerating(c: Car) {
        println("Car is accelerating...Speed is \(c.speed)km")
    }

    func decelerating(c: Car) {
        println("Car is decelerating...Speed is \(c.speed)km")
    }
}
```

CarStatus 클래스는 CarDelegate 프로토콜에 선언된 네 개의 메소드를 구현한다.
그중 두 개는 선택 메소드이다.

참고 CarStatus 클래스는 Car 클래스의 이벤트 핸들러이다.

이제 CarStatus 클래스의 인스턴스를 만들어 Car 클래스의 delegate 프로퍼티에
할당할 수 있다.

```
var c1 = Car(model: "F150")
c1.delegate = CarStatus()
c1.accelerate()   //---Car is accelerating...Speed is 10km---
                  //---Speed: 10---
c1.accelerate()   //---Car is accelerating...Speed is 20km---
                  //---Speed: 20---
c1.accelerate()   //---Car is accelerating...Speed is 30km---
                  //---Speed: 30---
c1.accelerate()   //---Car is accelerating...Speed is 40km---
                  //---Speed: 40---
c1.accelerate()   //---Car is accelerating...Speed is 50km---
                  //---Speed: 50---
c1.accelerate()   //---Car has reached max speed! Speed is 50km---
                  //---Speed: 50---
c1.stop()         //---Car is decelerating...Speed is 40km---
                  //---Speed: 40---
                  //---Car is decelerating...Speed is 30km---
```

```
//---Speed: 30---
//---Car is decelerating...Speed is 20km---
//---Speed: 20---
//---Car is decelerating...Speed is 10km---
//---Speed: 10---
//---Car has completely stopped! Speed is 0km---
//---Speed: 0---
```

위 코드에서 볼 수 있듯이, Car 인스턴스의 여러 메소드들을 호출하기 때문에 CarDelegate 프로토콜의 메소드들이 수행되고 그 결과를 화면에 출력한다.

■ 프로토콜과 델리게이트의 실습 예제

이 절에서는 전체적인 iOS 디자인 패턴에서 프로토콜과 델리게이트가 동작하는 법을 확인하기 위해 위치 정보를 획득하는 데 이것들이 어떻게 도움을 주는지 확인한다.

iOS의 CLLocationManager 클래스(Location Manager)는 장치의 위치를 찾는 데 도움을 준다. CLLocationManager 클래스를 사용하려면 자신의 뷰 컨트롤러 안에 인스턴스를 만들어야 한다.

```
import CoreLocation

class ViewController: UIViewController {
    var lm: CLLocationManager!
```

CLLocationManager 클래스의 인스턴스를 구성한다. 특히 delegate 프로퍼티를 설정한다.

```
lm = CLLocationManager()
lm.delegate = self
lm.desiredAccuracy = 0
lm.distanceFilter = 0
```

delegate 프로퍼티를 self로 설정하면 lm 변수를 가진 클래스가 CLLocation Manager 클래스를 따라 CLLocationManagerDelegate라는 프로토콜을 따라야 한다는 것을 의미한다. 그러므로 ViewController 클래스에 다음을 추가해야 한다.

```
class ViewController: UIViewController, CLLocationManagerDelegate {
```

CLLocationManagerDelegate 프로토콜은 다음을 포함하여 구현할 수 있는 많은 메소드들을 가지고 있다.

- optional func locationManager(_ manager: CLLocationManager!, didUpdateLocations locations: [AnyObject]!) ─ 새로운 위치 정보가 가능해지면 호출된다

- optional func locationManager(_ manager: CLLocationManager!, didFailWithError error: NSError!) ─ 위치 매니저가 위치 값을 가져올 수 없으면 호출된다

이 경우에 획득한 위치를 표시하려면 ViewController 클래스는 다음과 같이 첫 번째 메소드를 구현해야 한다.

```
import CoreLocation

class ViewController: UIViewController, CLLocationManagerDelegate {

    var lm: CLLocationManager!

    required init(coder aDecoder: NSCoder)
    {
        super.init(coder: aDecoder)
    }

    override func viewDidLoad() {
        super.viewDidLoad()

        lm = CLLocationManager()
        lm.delegate = self

        lm.desiredAccuracy = 0
        lm.distanceFilter = 0

        if (UIDevice.currentDevice().systemVersion as
            NSString).floatValue>=8.0 {
```

```
            //---위치 정보의 사용을 요청한다---
            lm.requestWhenInUseAuthorization()
        }

        lm.startUpdatingLocation()
    }

    func locationManager(manager: CLLocationManager!,
        didUpdateLocations locations: [AnyObject]!) {

            var newLocation = locations.last as CLLocation
            println("\(newLocation.coordinate.latitude)")
            println("\(newLocation.coordinate.longitude)")
            println("\(newLocation.horizontalAccuracy)")
    }
```

위 예제에서 locationManager() 메소드는 Location Manager가 새로운 위치를 얻을
수 있을 때마다 호출된다.[2]

> **참고** 이 예제의 전체 소스 코드는 www.wrox.com/go/beginningswift에서 내려 받을
> 수 있다.

요약

이 장에서는 iOS와 Mac OS X 앱 개발에 있어 중요한 역할을 하는 프로토콜과 델리게
이트에 대해 배웠다. 특히 클래스가 프로토콜을 따라 모든 필수 메소드들을 구현할 수
있도록 프로토콜을 정의하는 법을 배웠다.

---

2 **역주**: Swift 1.2에서 컴파일하기 위해서는 LBS/ViewController.swift 파일에서 49번 줄의 as 키워드를 as!로
변경해야 한다.

1. 다음 프로토콜을 살펴보자.

```
protocol SampleProtocol {
    init(someProperty1:String)
    var someProperty1:String {get set}
    var someProperty2:Int {get set}
    func doSomething()
}
```

SampleProtocol를 따르는 SomeClass라는 이름의 클래스를 만든다.

2. 다음 프로토콜을 살펴보자.

```
@objc protocol SampleDelegate {
    func event1()
    optional func event2()
}
```

1번에서 만든 SomeClass를 수정하여 SampleDelegete형의 델리게이트를 만든다.
추가로 doSomething() 메소드가 호출되면 event1()과 event2() 메소드가 수행돼야 한다.

3. SampleDelegate 프로토콜을 따르는 EventHandler 클래스를 만든다.

4. SomeClass의 인스턴스를 만들고 메소드가 수행되도록 제어한다.

• 이 장에서 배운 것

주제	핵심 개념
프로토콜	프로토콜(protocol)은 메소드와 프로퍼티의 청사진이다. 이것은 클래스가 무엇을 가져야 할지, 어떤 구현이 제공되지 않는지를 설명한다.
프로토콜 따르기	프로토콜을 따르는 클래스는 프로토콜에 따라 구현을 제공해야 한다.
프로토콜의 선택 메소드	@objc 태그의 사용은 컴파일러에게 Objective-C와 상호 연동하는 클래스임을 알린다.
다중 프로토콜 따르기	클래스는 여러 프로토콜들을 따를 수 있다.
필수 이니셜라이저	required 키워드를 사용하여 클래스의 모든 하위 클래스들도 이니셜라이저를 구현하도록 보장한다.
델리게이트	델리게이트는 구조체나 클래스의 메소드를 제어할 수 있는 인스턴스 타입(클래스처럼)이다. 델리게이트는 이벤트 핸들러이다.

12

제네릭

대다수 현대 프로그래밍 언어는 제네릭(generic)이라는 기능을 제공한다. 물론 Swift도 예외는 아니다. 제네릭은 다양한 자료형과 함께 사용할 수 있는 재사용성이 높은 함수를 작성하도록 해준다. 일반 코드(함수, 클래스, 구조체, 프로토콜 등)에서 사용하는 자료형의 플레이스 홀더(placeholder)를 명시하여 제네릭을 사용할 수 있다. 사용할 실제 자료형은 나중에 제네릭 코드를 사용할 때만 명시한다. 이 장에서는 Swift에서 제공하는 제네릭에 대해 배울 것이다.

제네릭 이해하기

제네릭은 Swift의 가장 중요한 기능 중 하나이다. Swift의 대다수 타입과 클래스는 제네릭을 통해 만들어지기 때문에 제네릭은 매우 중요하다. 제네릭을 이해하는 최선의 방법은 예제를 살펴보는 것이다.

다음 함수를 살펴보자.

```
func swapNums(inout item1:Int, inout item2:Int) {
    let temp = item1
    item1 = item2
    item2 = temp
}
```

swapNums() 함수는 두 inout 매개 변수를 선언하고 그 값들을 교환한다. 다음 코드
는 두 Int 변수의 값을 서로 바꾸는 swapNums() 함수의 사용법을 보여준다.

```
var num1 = 5
var num2 = 6

println("\(num1), \(num2)")    //---5,6---
swapNums(&num1, &num2)
println("\(num1), \(num2)")    //---6,5---
```

swapNums() 함수가 오직 두 정수 값만을 바꿔주는 것에 주목한다. 만약 두 문자열
변수를 서로 바꾸려면 다음과 같이 새로운 함수를 만들어야 한다.

```
func swapStrings(inout item1:String, inout item2:String) {
    let temp = item1
    item1 = item2
    item2 = temp
}
```

두 함수는 다루는 변수의 형이 다르다는 것만 빼고 구현이 똑같다. 두 Double 값을 서
로 바꾸는 것 또한 같다.

```
func swapDoubles(inout item1:Double, inout item2:Double) {
    let temp = item1
    item1 = item2
    item2 = temp
}
```

위에서 볼 수 있듯이, 다른 자료형의 함수를 분리하여 만드는 것은 코드의 많은 중복을
만든다.

■ 제네릭 함수 사용하기

제네릭을 사용하여 swapNums(), swapStrings(), swapDoubles() 함수를 단일 제네릭 함수로 다시 작성할 수 있다.

```
func swapItems<T>(inout item1:T, inout item2:T) {
    let temp = item1
    item1 = item2
    item2 = temp
}
```

함수의 제네릭 버전은 나머지 세 함수와 거의 똑같다. 함수의 실제 인자 형을 명시하는 대신에 플레이스 홀더로 T를 사용하는 것만 다를 뿐이다.

```
func swapItems<T>(inout item1:T, inout item2:T) {
```

이 예제에서 T는 단지 실제 자료형을 위한 플레이스 홀더이다. 플레이스 홀더에 T만 사용해야 하는 것은 아니다. 또 다른 일반적인 플레이스 홀더명은 ItemType이다. 플레이스 홀더로 ItemType을 사용하면 그 함수는 다음과 같을 것이다.

```
func swapItems<ItemType>(inout item1:ItemType, inout
    item2:ItemType) {
```

이제 swapNums() 함수를 호출하던 것처럼 swapItems() 함수를 호출할 수 있다.

```
var num1 = 5
var num2 = 6
swapItems(&num1, &num2)
println("\(num1), \(num2)")      //---6, 5---
```

컴파일러는 swapItems() 함수를 호출할 때 num1의 자료형으로부터 T를 Int형으로 추론할 것이다. 마찬가지로 String형의 인자를 사용하여 swapItems 함수를 호출하면 T는 String이 될 것이다.

```
var str1 = "blueberry"
var str2 = "apple"
println("\(str1), \(str2)")              //---blueberry, apple---
swapItems(&str1, &str2)
println("\(str1), \(str2)")              //---apple, blueberry---
```

Double형에도 똑같이 적용할 수 있다.

```
var price1 = 23.5
var price2 = 16.8
println("\(price1), \(price2)")        //---23.5, 16.8---
swapItems(&price1, &price2)
println("\(price1), \(price2)")        //---16.8, 23.5---
```

■ 다중 자료형 매개 변수

이전 절에서 한 가지 자료형만을 지정한 제네릭 함수를 살펴보았다. 실제로는 여러 자료형의 인자를 받는 함수를 자주 사용할 것이다. 예를 들어, Dictionary형을 사용하는 함수를 만든다면 다음 함수와 같이 키-값 쌍을 사용해야 한다.

```
func addToDictionary(key:Int, value:String) {
    ...
}
```

위 함수 스텁은 Int형과 String형 각 하나씩 두 매개 변수를 가진다. 이 함수의 제네릭 버전은 이와 같을 것이다.

```
func addToDictionary<KeyType, ValueType>(key:KeyType,
    value:ValueType) {
...
}
```

여기서 KeyType과 ValueType은 실제 자료형을 위한 플레이스 홀더이다.

■ 형 제한 명시하기

앞 절에서 어떤 자료형과도 사용할 수 있는 swapItems() 함수를 보았다. 그런데 때때로 제네릭 함수에서 사용할 수 있는 자료형을 제한해야 하는 경우가 있다. 다음 예제를 살펴보자.

```
func sortItems<T>(inout items:[T]) {
    for var j=0; j<items.count-1; j++ {
        var swapped = false
```

```
       for var i=0; i<items.count-1-j; i++ {
           if items[i]>items[i+1] {
               swapItems(&items[i], &items[i+1])
               swapped = true
           }
       }
       if !swapped {
           break
       }
    }
}
```

위 제네릭 함수는 항목 배열을 정렬하기 위한 버블 정렬 알고리즘을 구현한다. 그러나 이 코드는 컴파일 되지 않는다. 비교하는 문장을 가지고 있기 때문이다.

```
    if items[i]>items[i+1] {
```

컴파일러는 컴파일 시에 함수에 전달할 배열의 실제 자료형을 모르고, 어떤 자료형은 비교할 수 없기 때문에 오류가 발생한다. Bool 값(true와 false)을 가진 배열을 전달한다고 상상해보자. 불린 값은 비교할 수 있는 방법이 없다.

이를 고치려면 함수가 허용할 수 있는 자료형에 대한 제한을 명시해야 한다.

```
func sortItems<T: Comparable>(inout items:[T]) {
    for var j=0; j<items.count-1; j++ {
        var swapped = false
        for var i=0; i<items.count-1; i++ {
            if items[i]>items[i+1] {
                swapItems(&items[i], &items[i+1])
                swapped = true
            }
        }

        if !swapped {
            break
        }
    }
}
```

위 수정 내용에서 하이라이트한 문장은 "Comparable 프로토콜을 따르는 모든 타입 T"

을 뜻한다. 이 경우에 함수는 Comparable 프로토콜을 구현한 자료형의 값만 받을 수 있다. 즉 그 값들이 보다 작음 연산자(>), 보다 큼 연산자(<) 등을 사용하여 비교할 수 있어야 한다.

Comparable 프로토콜 외에도 다음 프로토콜들을 지정할 수 있다.

- Equatable — 두 값이 같은지 여부를 결정할 수 있게 해준다
- Printable — 출력을 위한 자료형의 텍스트 표현을 설정할 수 있도록 해준다

자료형에 구현이 필요한 프로토콜을 명시하는 것 외에 클래스 타입을 명시할 수도 있다. 예를 들어, 다음 doSomething() 함수는 반드시 T가 MyCustomClass 클래스의 인스턴스여야 한다고 명시한다.

```
func doSomething<T:MyCustomClass>(obj:T) {
    ...
}
```

제네릭 타입

제네릭이 함수에만 국한된 것은 아니다. 제네릭 타입도 가질 수 있다. 제네릭 타입은 다음 중 하나가 될 수 있다.

- 클래스
- 구조체
- 프로토콜

■ 제네릭 클래스

다음 예제를 살펴보자.

```
class MyIntStack {
    var elements = [Int]()
    func push(item:Int) {
```

```
        elements.append(item)
    }

    func pop() -> Int! {
        if elements.count>0 {
            return elements.removeLast()
        } else {
            return nil
        }
    }
}
```

위 코드는 Swift를 통한 스택(stack) 자료 구조의 전통적인 구현이다. 스택 자료 구조는 후입선출(LIFO) 방식에서 항목을 **push**(삽입)하고 **pop**(제거)하도록 해준다. 위 구현에서 MyIntStack은 Int형만 처리한다. 그리고 pop() 메소드는 Int!형(암시적 옵셔널)의 값을 반환한다. 이는 스택이 비어있는 경우에 pop 명령이 nil 값을 반환하는 것을 확실히 보장한다.

다음처럼 MyIntStack를 사용할 수 있다.

```
var myIntStack = MyIntStack()
myIntStack.push(5)
myIntStack.push(6)
myIntStack.push(7)
println(myIntStack.pop())   //---7---
println(myIntStack.pop())   //---6---
println(myIntStack.pop())   //---5---
println(myIntStack.pop())   //---nil---
```

이 클래스를 제네릭 클래스로 다시 작성할 수 있다.

```
class MyStack<T> {
    var elements = [T]()
    func push(item:T) {
        elements.append(item)
    }

    func pop() -> T! {
        if elements.count>0 {
            return elements.removeLast()
```

```
        } else {
            return nil
        }
    }
}
```

MyStack 클래스를 Int 값에 사용하려면 인스턴스를 만들 때 꺾쇠(<>) 안에 자료형을
지정한다.

```
var myIntStack = MyStack<Int>()
```

이제 평소처럼 클래스를 사용할 수 있다.

```
myIntStack.push(5)
myIntStack.push(6)
myIntStack.push(7)
println(myIntStack.pop())     //---7---
println(myIntStack.pop())     //---6---
println(myIntStack.pop())     //---5---
println(myIntStack.pop())     //---nil---
```

MyStack 클래스는 String형에도 사용할 수 있다.

```
var myStringStack = MyStack<String>()
myStringStack.push("Programming")
myStringStack.push("Swift")
println(myStringStack.pop())   //---Swift---
println(myStringStack.pop())   //---Programming---
println(myStringStack.pop())   //---nil---
```

■ 제네릭 구조체

이전 절에서는 클래스에서의 제네릭 사용을 살펴보았다. 제네릭은 구조체에도 적용할
수 있다. 구조체를 사용한 **큐**(queue)의 구현을 살펴보자.

```
struct MyIntQueue {
    var elements = [Int]()
    var startIndex = 0
```

```
    mutating func queue(item: Int) {
        elements.append(item)
    }

    mutating func dequeue() -> Int! {
        if elements.isEmpty {
            return nil
        } else {
            return elements.removeAtIndex(0)
        }
    }
}
```

큐는 항목을 **queue**(삽입)하고 **dequeue**(가져오기)할 수 있는 자료 구조이다. 위 구현에서 MyIntQueue는 Int형만 처리한다. 다음처럼 사용할 수 있다.

```
var myIntQueue = MyIntQueue()
myIntQueue.queue(7)
myIntQueue.queue(8)
println(myIntQueue.dequeue())       //---7---
println(myIntQueue.dequeue())       //---8---
println(myIntQueue.dequeue())       //---nil---
```

현재 구현을 제네릭을 사용해 다음 구조체를 만들도록 다시 작성한다.

```
struct MyGenericQueue<T> {
    var elements = [T]()
    var startIndex = 0

    mutating func queue(item: T) {
        elements.append(item)
    }

    mutating func dequeue() -> T! {
        if elements.isEmpty {
            return nil
        } else {
            return elements.removeAtIndex(0)
        }
    }
}
```

이제 지정한 자료형에 대해서 MyGenericQueue 구조체를 사용할 수 있다.

```
var myGenericQueue = MyGenericQueue<String>()
myGenericQueue.queue("Hello")
myGenericQueue.queue("Swift")
println(myGenericQueue.dequeue())   //---Hello---
println(myGenericQueue.dequeue())   //---Swift---
println(myGenericQueue.dequeue())   //---nil---
```

■ 제네릭 타입 확장

앞서 본 제네릭 스택 클래스를 다시 살펴보자.

```
class MyStack<T> {
    var elements = [T]()
    func push(item:T) {
        elements.append(item)
    }

    func pop() -> T! {
        if elements.count>0 {
            return elements.removeLast()
        } else {
            return nil
        }
    }
}
```

제네릭 타입을 확장하면, 원래 타입 정의의 매개 변수 목록을 확장에서 사용할 수 있다. 위 클래스에서 T는 매개 변수 타입을 위한 플레이스 홀더명이다. MyStack 클래스의 확장을 작성하고 그 확장 안에서 T를 사용할 수 있다.

```
extension MyStack {
    func peek(position:Int) -> T! {
        if position<0 || position>elements.count-1 {
            return nil
        } else {
            return elements[position]
        }
    }
}
```

위 확장은 MyStack 클래스에 peek() 메소드를 추가한다. 사용자가 지정한 위치의 스택 요소를 항목 제거 없이 확인할 수 있도록 해준다.

다음 코드는 방금 추가한 peek() 확장 메소드를 사용하는 법을 보여준다.

```
var myStack = MyStack<String>()

myStack.push("The")
myStack.push("Quick")
myStack.push("Brown")
myStack.push("Fox")

println(myStack.peek(0))    //---The---
println(myStack.peek(1))    //---Quick---
println(myStack.peek(2))    //---Brown---

println(myStack.pop())      //---Fox---
println(myStack.pop())      //---Brown---
println(myStack.pop())      //---Quick---
println(myStack.pop())      //---The---
```

■ 프로토콜에 제네릭 사용하기

제네릭은 프로토콜에 적용할 수도 있다.

> **참고** 프로토콜은 11장에서 자세히 다뤘다.

다음 MyStackProtocol 프로토콜을 살펴보자.

```
protocol MyStackProtocol {
    typealias T
    func push(item:T)
    func pop() -> T!
    func peek(position:Int) -> T!
}
```

예제의 MyStackProtocol 프로토콜은 세 개의 메소드를 구현해야 하는 스택 자료 구조를 구현할 클래스를 명시한다.

- push() — T 타입의 인자를 받는다
- pop() — T 타입의 항목을 반환한다
- peek() — 정수 인자를 받아 T 타입의 항목을 반환한다

프로토콜은 스택에 요소를 어떻게 저장하는지 지시하지 않는다. 예를 들면, 배열을 사용하거나 이중 연결리스트를 사용하여 구현할 수 있다. 프로토콜은 스택에서 처리할 자료형을 지시하지 않기 때문에 typealias 키워드를 사용하여 **연관 타입**을 선언한다.

```
typealias T
```

T는 프로토콜의 구현자가 사용할 실제 자료형의 플레이스 홀더이다.

프로토콜을 구현할 때 구현 클래스 안에서 프로토콜에 선언된 필수 메소드를 구현해야 한다. 다음 코드는 한 예제를 보여준다.

```
class MyOwnStack: MyStackProtocol {

    typealias T = String

    var elements = [String]()

    func push(item:String) {
        elements.append(item)
    }

    func pop() -> String! {
        if elements.count>0 {
            return elements.removeLast()
        } else {
            return nil
        }
    }

    func peek(position:Int) -> String! {
        if position<0 || position>elements.count-1 {
            return nil
        } else {
            return elements[position]
        }
```

```
        }
    }
```

여기서 MyOwnStack 클래스는 MyStackProtocol 프로토콜을 따른다. 이제 String 형을 조작하는 스택을 구현하기 때문에 T에 String을 할당한다.

```
    typealias T = String
```

사실 위 문장은 명시적으로 선언할 필요 없다. 컴파일러는 T 타입을 구현으로부터 추론할 수 있다.

```
    func push(item:String) {        //---item은 String형이다---
        elements.append(item)
    }
```

이제 MyOwnStack 클래스는 이처럼 다시 작성할 수 있다.

```
    class MyOwnStack: MyStackProtocol {

        var elements = [String]()

        func push(item:String) {
            elements.append(item)
        }

        func pop() -> String! {
            if elements.count>0 {
                return elements.removeLast()
            } else {
                return nil
            }
        }

        func peek(position:Int) -> String! {
            if position<0 || position>elements.count-1 {
                return nil
            } else {
                return elements[position]
            }
        }
    }
```

MyOwnStack 클래스는 다음처럼 사용할 수 있다.

```
var myOwnStack = MyOwnStack()
myOwnStack.push("Swift")
myOwnStack.push("Hello")
println(myOwnStack.pop())    //---Hello---
println(myOwnStack.pop())    //---Swift ---
```

그런데 이 장에서는 제네릭에 대해 설명하고 있기 때문에 MyOwnStack 클래스는 제
네릭 클래스도 될 수 있어야 한다. 다음은 MyOwnStackProtocol 프로토콜의 제네릭
구현이다.

```
class MyOwnGenericStack<T>: MyStackProtocol {
    var elements = [T]()

    func push(item:T) {
        elements.append(item)
    }

    func pop() -> T! {
        if elements.count>0 {
            return elements.removeLast()
        } else {
            return nil
        }
    }

    func peek(position:Int) -> T! {
        if position<0 || position>elements.count-1 {
            return nil
        } else {
            return elements[position]
        }
    }
}
```

이제 다음처럼 MyOwnGenericStack 클래스를 사용할 수 있다.

```
var myOwnGenericStack = MyOwnGenericStack<String>()
myOwnGenericStack.push("Swift")
myOwnGenericStack.push("Hello")
```

```
println(myOwnGenericStack.pop())    //---Hello---
println(myOwnGenericStack.pop())    //---Swift---
```

■ 연관 타입에 요구사항 명시하기

두 스택이 같은지(즉 같은 요소와 같은 수를 가지는) 여부를 결정하기 위해 스택을 비교하는 함수를 가지고 있다고 가정해보자. 함수는 이와 비슷할 것이다.

```
func compareMyStacks
    <ItemType1:MyStackProtocol, ItemType2:MyStackProtocol>
    (stack1: ItemType1, stack2:ItemType2) -> Bool {

    ...
    return true
}
```

compareMyStacks() 함수는 두 스택 ItemType1과 ItemType2를 인자로 받는 제네릭 함수이다. 이들 두 타입은 MyStackProtocol 프로토콜을 반드시 따라야 한다. compareMy Stacks() 함수의 사용법은 다음과 같다.

```
var myOwnGenericStack1 = MyOwnGenericStack<String>()
var myOwnGenericStack2 = MyOwnGenericStack<String>()
var same =
    compareMyStacks(myOwnGenericStack1, stack2:myOwnGenericStack2)
```

이 경우에 두 스택(myOwnGenericStack1과 myOwnGenericStack2)은 String형을 사용하여 비교할 수 있다. 그런데 서로 다른 자료형의 스택을 비교하면 어떻게 될까? 이 경우는 비교를 수행할 수 없다. 그리고 compareMyStacks() 함수에 적용할 수 있는 자료형을 기준으로 제한을 두어야 한다. 이 함수에 where 조건절을 명시하여 제한을 둘 수 있다.

```
func compareMyStacks
    <ItemType1:MyStackProtocol, ItemType2:MyStackProtocol
    where ItemType1.T == ItemType2.T>
    (stack1: ItemType1, stack2:ItemType2) -> Bool {

    ...
    return true
}
```

위 문장에서 where 조건절은 두 인자(MyStackProtocol 프로토콜을 따르는)가 사용하는 자료형이 반드시 같아야 한다고 지시한다. 이제 자료형이 다른 두 스택을 비교하려고 하면 컴파일러는 오류를 발생시킨다.

```
var myOwnGenericStack2 = MyOwnGenericStack<String>()
var myOwnGenericStack3 = MyOwnGenericStack<Double>()

//---오류---
compareMyStacks(myOwnGenericStack2, stack2: myOwnGenericStack3)
```

위 코드에서 myOwnGenericStack2는 String형을 사용하고 myOwnGeneric Stack3은 Double형을 사용한다. 따라서 compareMyStacks() 함수에 이들을 인자로 전달하는 것은 where 절을 어기는 것이다.

두 인자 형이 같다는 것을 보장하는 것뿐만 아니라 특정 자료형의 인자로 제한할 필요가 있다. 이처럼 Comparable 프로토콜을 따르는 것으로 제한한다.

```
func compareMyStacks<
    ItemType1:MyStackProtocol, ItemType2:MyStackProtocol
    where ItemType1.T == ItemType2.T, ItemType1.T:Comparable>
    (stack1: ItemType1, stack2:ItemType2) -> Bool {
    ...
    return true
}
```

이 제한을 명시하고 나면 Bool형을 사용하는 스택들을 비교할 수 없다(Bool형은 Compar able 프로토콜을 따르지 않는다).

```
var myOwnGenericStack4 = MyOwnGenericStack<Bool>()
var myOwnGenericStack5 = MyOwnGenericStack<Bool>()

//---오류---
compareMyStacks(myOwnGenericStack4, stack2: myOwnGenericStack5)
```

> **참고** compareMyStacks() 함수의 실제 구현은 실습 과제로 남겨둔다.

요약

이 장에서는 Swift에서 가장 중요한 주제인 제네릭에 대해 배웠다. 제네릭은 코드의 유연성과 재사용성을 높여준다. 제네릭을 클래스, 구조체, 확장, 프로토콜 등에 적용하는 법을 살펴보았다. 또한 제네릭에 형 제한을 적용할 수 있다.

연습 문제

1. 주어진 프로토콜에 스택의 요소 개수를 반환하는 함수를 추가한다.

```
protocol MyStackProtocol {
    typealias T
    func push(item:T)
    func pop() -> T!
    func peek(position:Int) -> T!
}
```

2. MyStackProtocol을 따르는 다음 클래스에 1번 문제에서 프로토콜에 추가한 함수를 구현한다.

```
class MyOwnGenericStack<T>: MyStackProtocol {
    var elements = [T]()

    func push(item:T) {
        elements.append(item)
    }

    func pop() -> T! {
        if elements.count>0 {
            return elements.removeLast()
        } else {
            return nil
        }
    }

    func peek(position:Int) -> T! {
        if position<0 || position>elements.count-1 {
```

```
                    return nil
            } else {
                return elements[position]
            }
        }
    }
```

3. 2번 문제에서 만든 MyOwnGenericStack 클래스에 인스턴스 두 개를 비교하는 함수를 구현한다. 두 스택이 같으면 true를 다르면 false를 반환한다.

• 이 장에서 배운 것

주제	핵심 개념
제네릭	제네릭은 플레이스 홀더 타입을 가지고 작성된 함수 코딩 방식이다. 실제로 매개 변수로 제공된 특정 타입으로 대체된다.
제네릭의 장점	제네릭은 코드를 재사용할 수 있도록 한다.
형 제한을 명시한 프로토콜	일부 프로토콜은 Comparable, Equatable, Printable을 포함한다.
제네릭 타입	제네릭은 클래스, 구조체, 프로토콜에 적용할 수 있다.
제네릭 타입 확장	제네릭 타입 확장
연관 타입에 요구사항 명시하기	두 제네릭 타입 간에 관계를 명시할 수 있다.

연습 문제 정답

■ 1장

연습 문제 1

```
let months = 12
let daysInWeek = 7
let weeks = 52
```

연습 문제 2

```
var gender = "Female"
var weight = 102.5     // 파운드 단위
var height = 1.72      // 미터 단위
var DOB = "09/25/1970" // mm/dd/yyyy
```

연습 문제 3

```
println("Gender: \(gender)")
println("Weight: \(weight) pounds")
println("Height: \(height) meters")
println("DOB: \(DOB)")
```

연습 문제 4

```
var weight = 102.5       // 파운드 단위
var str = "Your weight is \(weight) pounds"
```

■ 2장

연습 문제 1

이 코드의 문제는 weightInPounds를 Int형으로 추론한다는 것이다. 따라서 이 값을 다른 Double 값에 곱할 때 사용하면 오류가 발생한다.

이를 해결하는 첫 번째 방법은 컴파일러가 Double형으로 추론하도록 weightInPounds에 부동 소수점 값을 할당하는 것이다.

```
import Foundation
var weightInPounds = 154.0
var heightInInches = 66.9
var BMI = (weightInPounds / pow(heightInInches,2)) * 703.06957964
println(BMI)
```

두 번째 방식은 weightInPounds를 명시적으로 Double로 선언하는 것이다.

```
import Foundation
var weightInPounds:Double = 154
var heightInInches = 66.9
var BMI = (weightInPounds / pow(heightInInches,2)) * 703.06957964
println(BMI)
```

세 번째 방식은 값을 계산할 때 weightInPounds와 heightInInches를 명시적으로 형 변환하는 것이다.

```
import Foundation
var weightInPounds = 154
var heightInInches = 66.9
var BMI = (Double(weightInPounds) / pow(Double(heightInInches),2)) *
    703.06957964
println(BMI)
```

연습 문제 2

아래 문장의 출력은 다음과 같다(볼드체 문은 컴파일러가 암시적으로 할당한 값이다).

```
enum cartoonCharacters: Int {
    case FelixTheCat = 1
    case AngelicaPickles           // = 2
    case ThePowerpuffGirls         // = 3
    case SpiderMan = 9
    case GeorgeOfTheJungle         // = 10
    case Superman                  // = 11
    case Batman                    // = 12
}

var d = cartoonCharacters.GeorgeOfTheJungle
println(d.rawValue)   //---10을 출력한다---

d = cartoonCharacters.AngelicaPickles
println(d.rawValue)   //---2를 출력한다---
```

연습 문제 3

아래 문장의 출력은 다음과 같다(볼드체 문은 컴파일러가 암시적으로 할당한 값이다).

```
enum cartoonCharacters: Int {
    case FelixTheCat               // = 0
    case AngelicaPickles           // = 1
    case ThePowerpuffGirls         // = 2
    case SpiderMan = 9
    case GeorgeOfTheJungle         // = 10
    case Superman                  // = 11
    case Batman                    // = 12
}

var d = cartoonCharacters.GeorgeOfTheJungle
println(d.rawValue)   //---10을 출력한다---

d = cartoonCharacters.AngelicaPickles
println(d.rawValue)   //---1을 출력한다---
```

연습 문제 4

isMember를 사용하기 전에 그 값이 nil이 아님을 확실히 해야 한다. 그러고서 ! 문자를 사용해 언랩핑한다.

```
var isMember:Bool?
if isMember != nil {
    if isMember! {
        println("User is a member")
    } else {
        println("User is a not member")
    }
}
```

■ 3장

연습 문제 1

"q" 문자의 위치를 얻기 위해서 find() 함수와 distance() 함수를 함께 사용할 수 있다.

```
var str1 = "The quick brown fox jumps over the lazy dog"
let char:Character = "q"
if let charIndex = find(str1, char) {
  let charPosition = distance(str1.startIndex, charIndex)
   println(charPosition) //---4---
}
```

연습 문제 2

먼저 문자열을 NSString으로 형 변환할 수 있다. 그러고서 doubleValue 프로퍼티를 사용해 그 변수의 double 값을 추출한다.

```
var amount = "1200"
var rate = "1.27"
var result = (amount as NSString).doubleValue *
             (rate as NSString).doubleValue
```

연습 문제 3

출력 결과에 Double 값을 포함하기 위해 문자열 삽입 방식을 사용할 수 있다.

```
var lat = 40.765819
var lng = -73.975866
println("Lat/Lng is (\(lat), \(lng))")
```

■ 4장

연습 문제 1

```
var num = 5
var sum = ++num + num++

println(num)      //---7---
println(sum)      //---12---
```

연습 문제 2

```
var nums = [3,4,2,1,5,7,9,8]
var sumOfOdds = 0
for i in 0 ..< nums.count {
    if nums[i] % 2 == 1 {
        sumOfOdds += nums[i]
    }
}
println(sumOfOdds)
```

연습 문제 3

```
var userInput = "5"
var num = userInput.toInt()
var value = num ?? 0
```

■ 5장

연습 문제 1

```
func countNumbers(string: String) -> (odd:Int, even:Int,
    threes:Int) {
        var odd = 0, even = 0, threes = 0
```

```
        for char in string {
            let digit = String(char).toInt()
            if (digit != nil) {
                (digit!) % 2 == 0 ? even++ : odd++
                (digit!) % 3 == 0 ? threes++ : 0
            }
        }
        return (odd, even, threes)
    }

        var result = countNumbers("123456789")
        println("Odd: \(result.odd)")          //---5---
        println("Even: \(result.even)")         //---4---
        println("Threes: \(result.threes)")     //---3---
```

연습 문제 2

```
func doSomething(arg1:String, #withSomething:String) {

    }
```

연습 문제 3

```
func sum(nums: Int...) -> Int {
        var sum = 0
        for num in nums {
            sum += num
        }
        return sum
    }
```

연습 문제 4

```
func cat(joiner:String = " ", nums: Int...) -> String {
        var str = ""
        for (index, num) in enumerate(nums) {
            str = str + String(num)
            if index != nums.count - 1 {
                str += joiner
            }
        }
```

```
        return str
    }
```

■ 6장

연습 문제 1

```
var nums = [1,2,3,4,5,6,7,8,9]
for num in nums {
    if num % 2 == 0 {
        println(num)
    }
}
```

연습 문제 2

```
var userInfo = Dictionary<String, String>()
userInfo["username"] = "weimenglee"
userInfo["password"] = "secret"
userInfo["dob"] = "31/01/1960"
```

연습 문제 3

```
for product in products {
    println(product.0)
    println("========")
    var models = product.1
    for model in models {
        println(model)
    }
    println()
}
```

■ 7장

연습 문제 1

```
func Fibonacci(num:Int) -> Int {
```

```
    if num <= 1 {
        return 1
    }
    return Fibonacci(num - 1) + Fibonacci(num - 2)
}

//---13개의 피보나치 수를 출력한다---
for i in 0...12 {
    println(Fibonacci(i))
}
```

연습 문제 2

```
func GCD(var a: Int, var b: Int) -> Int
{
    var remainder = 0
    while( b != 0 ) {
        remainder = a % b
        a = b
        b = remainder
    }
    return a
}

    println(GCD(12,8))    //---4---
```

연습 문제 3

```
import Foundation
func isPrime(num: Int) -> Bool {
    var prime = true
    var factor = pow(Double(num), 0.5)
    for var i = 2; i <= Int(factor); i++ {
        if (num % i) == 0 {
            prime = false
        }
    }
    return prime
}

    for i in 2...1000 {
```

```
        if isPrime(i) {
            println("\(i) is prime")
        }
    }
```

■ 8장

연습 문제 1

```
struct DOB {
    var year: Int
    var month: Int
    var day: Int
}
```

연습 문제 2

```
struct Student {
    var ID: String
    var name: String
    var dob: DOB
}
```

연습 문제 3

```
struct Student {
    var ID: String
    var name: String
    var dob: DOB
    var age: Int {
        get {
            let date = NSDate()
            let calendar = NSCalendar.currentCalendar()
            let components = calendar.components(
                NSCalendarUnit.CalendarUnitYear |
                NSCalendarUnit.CalendarUnitMonth, fromDate: date)
            return components.year - self.dob.year
        }
    }
}
```

연습 문제 4

```
var student1 = Student(
    ID: "12345",
    name: "Chloe Lee",
    dob: DOB(
        year: 2010,
        month: 1,
        day: 31))
```

연습 문제 5

```
println(student1.age)
```

■ 9장

연습 문제 1

```
enum Color: String {
    case Red = "Red"
    case Blue = "Blue"
    case White = "white"
}

class Vehicle {
    var model: String
    var doors: Int
    var color: Color
    var wheels: Int

    init() {
        model = ""
        doors = 0
        color = Color.White
        wheels = 0
    }
}
```

연습 문제 2

```
class MotorVehicle: Vehicle {
    var licensePlate: String

    override init() {
        licensePlate = "NOT ASSIGNED"
        super.init()
    }
}
```

연습 문제 3

```
class Bicycle: Vehicle {
    override init() {
        super.init()
        wheels = 2
        doors = 0
    }
}
```

연습 문제 4

```
class Car: MotorVehicle {
    override init() {
        super.init()
        doors = 2
    }

    init(model:String, doors:Int, color:Color, wheels: Int) {
        super.init()
        self.model = model
        self.doors = doors
        self.color = color
        self.wheels = wheels
    }

    convenience init(licensePlate:String) {
        self.init(model:"", doors:2, color:Color.White, wheels:2)
        self.licensePlate = licensePlate
    }
}
```

■ 10장

연습 문제 1

```
let numNames = [
    0: "Zero",
    1: "One",
    2: "Two",
    3: "Three",
    4: "Four",
    5: "Five",
    6: "Six",
    7: "Seven",
    8: "Eight",
    9: "Nine"
]
var numbers = [5,6,3,2,4,8,1,0]
var numbersNames = numbers.map(
    {
        (num: Int) -> String in
            return numNames[num]!
    }
)
println(numbersNames)
```

연습 문제 2

```
var oddNumbers = numbers.filter(
    {
        (num: Int) -> Bool in
            num % 2 == 1
    }
)
println(oddNumbers)//---[5, 3, 1]---
```

연습 문제 3

```
var biggestNumber = numbers.reduce(
    numbers[0], Combine:
    {
        (maxNum: Int, num: Int) -> Int in
```

```
            return max(maxNum, num)
    }
)
println(biggestNumber)    //---8---
```

연습 문제 4

```
var sum = numbers.reduce(
    0,
    {
        (sum: Int, num: Int) -> Int in
            return sum + num
    }
)
var average = Double(sum) / Double(numbers.count)
println(average)
```

■ 11장

연습 문제 1

```
class SomeClass:SampleProtocol {
    var someProperty1:String
    var someProperty2:Int

    required init(someProperty1:String) {
        self.someProperty1 = someProperty1
        self.someProperty2 = 0
    }

    func doSomething() {
    }
}
```

연습 문제 2

```
class SomeClass:SampleProtocol {
    var someProperty1:String
    var someProperty2:Int
```

```
var delegate:SampleDelegate?

required init(someProperty1:String) {
    self.someProperty1 = someProperty1
    self.someProperty2 = 0
}

func doSomething() {
    delegate?.event1()
    delegate?.event2?()
    //---event2()는 옵셔널이기 때문에 뒤에 ?가 필요하다---
}
}
```

연습 문제 3

```
class EventHandler:SampleDelegate {
    @objc func event1() {
        println("event1 handled")
    }
    func event2() {
        println("event2 handled")
    }
}
```

연습 문제 4

```
class EventHandler:SampleDelegate {
    @objc func event1() {
        println("event1 handled")
    }
    func event2() {
        println("event2 handled")
    }
}

var eventHandler = EventHandler()
var sc = SomeClass(someProperty1:"something")
sc.delegate = eventHandler
sc.doSomething()
```

■ 12장

연습 문제 1

```
protocol MyStackProtocol {
    typealias T
    func push(item:T)
    func pop() -> T!
    func peek(position:Int) -> T!
    func count() -> Int
}
```

연습 문제 2

```
class MyOwnGenericStack<T>: MyStackProtocol {
    var elements = [T]()

    func push(item:T) {
        elements.append(item)
    }

    func pop() -> T! {
        if elements.count>0 {
            return elements.removeLast()
        } else {
            return nil
        }
    }

    func peek(position:Int) -> T! {
        if position<0 || position>elements.count-1 {
            return nil
        } else {
            return elements[position]
        }
    }

    func count() -> Int {
        return elements.count
    }
}
```

연습 문제 3

```
func compareMyStacks
    <ItemType1:MyStackProtocol, ItemType2:MyStackProtocol where
        ItemType1.T == ItemType2.T, ItemType1.T:Comparable>
    (stack1: ItemType1, stack2:ItemType2) -> Bool {

    //---두 스택이 모두 비어있다면---
    if stack1.count() == 0 && stack2.count() == 0 {
        return true
    }

    //---두 스택의 크기가 같지 않다면---
    if stack1.count() != stack2.count() {
        return false
    }

    //---스택 안의 각 요소를 비교한다---
    for i in 0 ..< stack1.count() {
        if stack1.peek(i)! != stack2.peek(i)! {
            return false
        }
    }
    return true
}
```

찾아보기

영어

가장 쉬운 책 시리즈 006

가장 쉬운 Swift 입문 책

초판 1쇄 발행 2015년 5월 27일

지은이 웨이멍 리
옮긴이 이종우

발행인 김범준
편집디자인 이가희
교정/교열 이정화

발행처 비제이퍼블릭
출판신고 2009년 05월 01일 제300-2009-38호
주소 경기도 고양시 덕양구 통일로 140 삼송테크노밸리 B동 229호
주문/문의 전화 02-739-0739 **팩 스** 02-6442-0739
홈페이지 http://bjpublic.co.kr **이메일** bjpublic@bjpublic.co.kr

가격 25,000원
ISBN 978-89-94774-97-8